Godfried Edmund Friess

Herzog Albrecht V. von Österreich und die Husiten

Godfried Edmund Friess

Herzog Albrecht V. von Österreich und die Husiten

ISBN/EAN: 9783743405660

Hergestellt in Europa, USA, Kanada, Australien, Japan

Cover: Foto ©ninafisch / pixelio.de

Manufactured and distributed by brebook publishing software (www.brebook.com)

Godfried Edmund Friess

Herzog Albrecht V. von Österreich und die Husiten

Herzog Albrecht V. von Österreich

und

die Husiten

von

Dr. Godfrid Edmund Friess.

Separatabdruck aus dem Programme des k. k. Ober-Gymnasiums zu Seitenstetten.

1883.

Druck und Verlag von Jos. Feichtingers Erben in Linz.

Herzog Albrecht V. von Österreich

und

die Husiten

von

Dr. Godfrid Edmund Friess.

Zu den bedeutungsvollen Ereignissen, welche am Ausgange des Mittelalters das Nahen einer neuen Epoche in der Weltgeschichte ankündigten, zählt in erster Reihe auch jene mächtige Bewegung, welche zu Beginn des XV. Jahrhunderts in dem Nachbarlande Österreichs, in Böhmen, ausbrach. Waren es auch zunächst religiöse und nationale Ursachen, welche diese furchtbare Revolution hervorgerufen haben — weshalb dieselbe von manchen Geschichtsschreibern nur als eine Reaction, wenn auch die gewaltigste, des Slavismus gegen die fortschreitende Germanisation aufgefasst wird — so gesellte sich doch diesen Factoren bald ein dritter bei, der den beiden ersteren nicht nur das Gleichgewicht hielt, sondern sie im Laufe der Bewegung sogar überflügelte. Es waren dies jene socialen Ideen, welchen wir schon im Mittelalter bei den meisten Häresien begegnen, die aber ihre ganze ihnen innewohnende Macht und Stärke zum erstenmale in dem Husitismus klar zeigten und die, wenn auch damals zu Boden geworfen, doch in den folgenden Jahrhunderten nicht selten wieder auftauchten und in unseren Tagen stärker denn je erklingen.

Die ersten Keime dieser an blutigem Jammer und Greuel so überreichen Katastrophe reichen bis in die Zeiten Kaiser Karl IV., des Vaters von Böhmen, zurück. Zwar zeigten sich die Vorboten des heranziehenden Gewitters damals schon in den Predigten und Schriften der Prediger Konrad von Waldhausen, Miliz von Kremsier u. a.[1]), aber sie wurden nicht

---

[1]) Palacky: Die Vorläufer des Husitentums in Böhmen.

beachtet; Böhmen war ja das „allerchristlichste, im Glauben herrliche", blühende Königreich. Zu Beginn des XV. Jahrhunderts jedoch brachten der Professor an der Prager Hochschule, Magister Johannes Hus und seine zahlreichen Schüler und Anhänger, unter welchen sein Freund Hieronymus von Prag, später gleich dem Meister von demselben tragischen Geschicke ereilt, in erster Reihe zu nennen ist, diese Keime durch Wort und Schrift zur vollsten Entwicklung. Richteten diese Männer ihre Angriffe zunächst nur gegen den nicht zu leugnenden Verfall eines grossen Theiles des böhmischen Clerus, so traten doch bei der engen Verbindung der Religion mit den socialen Ideen auch diese letzteren in den Predigten und Tractaten von Hus und seinem Kreise schon deutlich in den Vordergrund. Die von diesen Männern gelehrten, auf die Schriften des Engländers Wiclif basirenden Sätze: dass kein Mensch im Stande der Todsünde ein geistliches oder weltliches Amt verwalten könne, dass der Besitz irgend eines Gutes von Seite eines Ungerechten und Gottlosen Diebstahl und Raub sei u. a., mussten in ihren letzten Consequenzen, da die Correction über Fürsten und Herren in Kirche und Staat doch nur dem Volke zukommen konnte,[1]) mit Naturnothwendigkeit zu einer völligen Negation alles Bestehenden, zur vollkommenen Anarchie, zum gewaltsamen Umsturze aller kirchlichen wie staatlichen und socialen Institutionen führen.[2]) Und dass die Taboriten, die radicale Partei, welche das eigentlich treibende Element unter den Husiten bildeten und die sich zumeist aus den niederen Schichten des Volkes recrutierten, diese Folgerungen wirklich gezogen haben, das bezeugen jene 72 Artikel,[3]) welche sie auf der im December des Jahres 1420 zu Prag zum Zwecke der Vereinigung mit den Utraquisten, der gemässigten Partei unter den Anhängern des Hus, abgehaltenen Versammlung als ihr Glaubensbekenntnis aufstellten.[4]) In diesen von den Utraquisten, deren Hauptsitz die Hauptstadt von Böhmen war, nicht angenommenen Artikeln verwarfen die Taboriten nicht nur die meisten Dogmen und fast alle Einrichtungen der Kirche, sondern stellten auch die Lehre von der Gleichheit aller Menschen auf und behaupteten, dass alle Vorrechte der Geburt wie des Vermögens

---

[1]) *„Item populares et subditi possunt ad suum arbitrium dominos delinquentes punire, corrigere et deponere"* lautete der 18. von den 28 Artikeln, welche die Taboriten 1433 den Vätern zu Basel vorlegten. Palacky: Urkundl. Beiträge zur Gesch. des Husitenkrieges. II. 344, N. 845.

[2]) Zöllner: Zur Vorgeschichte des Bauernkrieges; Bezold: Studien zur Geschichte des Husitentums; Janssen: Geschichte des deutschen Volkes seit dem Ausgange des Mittelalters. II. Bd. u. a. m.

[3]) Nach Balbinus zählte dieses Glaubensbekenntnis 76, nach anderen 70 Artikel.

[4]) Höfler: Geschichtschreiber der husitischen Bewegung in Böhmen. I. 434—441 in Fontes rerum Austriacarum I. Abth. II. Bd.

nichtig, jeder Standesunterschied zwischen Priestern und Laien, Herren und Volk zu beseitigen, das Königthum und jede andere obrigkeitliche Gewalt abzuschaffen, alle Abgaben und Steuern aufzuheben seien, sowie dass dem Volke allein die Herrschaft gebühre. Damit verbanden sie unklare Vorstellungen über die Emancipation der Frau, über den Wert der Bildung, über die Volkssouveränität u. a. m. Und alle diese Ideen sollten mit Gewalt durchgeführt werden; denn „gekommen sei der Tag der Rache und das Jahr der Vergeltung, in welchem alle Welt, Sünder und Gegner Gottes durch Feuer und Schwert, durch Hunger, durch die Zähne der wilden Thiere, Scorpionen und Schlangen, durch Hagel und Tod bis auf den letzten Mann ausgerottet werden sollten."[1]

Die grosse Gefahr, welche die husitischen Lehren für die ganze christliche Gesellschaft in sich schlossen, wurde von ihren Gegnern frühzeitig schon erkannt und gewürdigt. „Es genügt Dir nicht," rief der Cardinal von Cambray in grosser Erregung Hus zu, als er seine Ansichten vor den Vätern zu Constanz vertheidigen wollte, „die Kirche verächtlich zu machen, jetzt trachtest Du auch den Staat und das Königthum durch Schrift und Lehre zu stürzen."[2] Und der berühmte Gerson machte noch vor der Eröffnung des Concils zu Constanz den Erzbischof von Prag, Konrad von Vechta, welcher dann selbst zum Kelche übertrat, auf die grossen Gefahren, welche diese destructiven Ansichten für Kirche und Staat in sich bargen, aufmerksam.[3] Am klarsten aber zeichnete der Abgesandte des Cardinals Branda, welcher im Jahre 1424 den König von Polen zum Kriege gegen die Husiten zu bewegen versuchte, die gefahrdrohende Lage, wenn er sagte: es gelte dieser Kampf der Rettung der menschlichen Gesellschaft.[4]

Unter den Fürsten erkannte aber keiner die Gefährlichkeit der husitischen Doctrinen deutlicher und bekämpfte sie unermüdlicher, als der Habsburger Herzog Albrecht V. von Österreich. Die Husiten betrachteten ihn deshalb auch als ihren heftigsten Gegner, mit welchem sie, selbst als

---

[1] Höfler a. a. Or. „*Item quod iam nunc sunt dies ultionis et annus retributionis, in quo omnes mundi, peccatores et adversarii legis dei, ita ut nullus relinquatur, peribunt et perire debent igne et gladio, fame, bestiarum dentibus, scorpionibus et serpentibus, grandine et morte.*"
[2] Hardt: Constantiense concilium. IV. Tom., 321.
[3] Bezold: Husitentum, 51.
[4] „*Causa autem mee destinacionis, serenissimi principes,*" sagte der Ablegat, „*est honor omnipotentis dei, domini nostri Jesu Christi, est bonum fidei catholice et sancte nostre matris ecclesie, est conseruacio societatis humane*". . . . Aus dem libr. cancell. des Stanisl. Ciolek; herausgegeb. von Caro im 45. Bd. des Archives für österr. Geschichte, 453.

sie sich schon zur Versöhnung und zum Frieden mit der Kirche und dem
Kaiser Siegmund neigten, keinen Frieden haben wollten.¹) Dieser jugendliche Fürst hatte, nachdem er auf dem Tage zu Eggenburg im Jahre 1411
von den Ständen von Nieder- und Ober-Österreich unter ungeheurem Jubel
als ihr rechtmässiger Landesherr begrüsst worden war, die tiefen Wunden,
welche der traurige Bruderzwist im Hause Habsburg seiner Vormundschaft
wegen dem Lande geschlagen hatte, wieder geheilt und Ruhe und Frieden
seinen Unterthanen zurückgegeben.²) Seine vorzüglichste Aufmerksamkeit
war jedoch schon vor dem Zusammentritte des Kostnitzer-Concils und seit
demselben auf die im Nachbarlande Österreichs, in Böhmen, ausgebrochene
und immer mächtiger anschwellende revolutionäre Bewegung gerichtet.
Albrecht verkannte nicht, dass dieselbe, welche auch in dem benachbarten
Mähren schon bedeutende Fortschritte gemacht hatte, bei den innigen
Handelsbeziehungen, die von altersher zwischen diesen und seinen Landen
herrschten,³) eine grosse Gefahr für die letzteren in sich schloss, die
sich noch steigerte, als die Husiten um das Jahr 1410 anfiengen, durch
Reiseprediger ihre Lehrsätze in den böhmischen Nachbarländern zu verbreiten. Es entgieng ihm nicht, dass, wie in Baiern und Franken, so namentlich in Österreich der Boden hiefür ein nur zu günstiger war. Noch waren
nicht zwei Decennien verflossen, seit die grosse Inquisition gezeigt hatte,
wie zahlreich die Anhänger der dem Husitismus so nahe stehenden Lehre
der Waldesier in Österreich waren.⁴) Und wie jede Inquisition, so hatte
auch die des Cölestinermönches Petrus von München, der durch zwei Jahre
(1395—1397) von Steyr in Oberösterreich aus, wo er sein furchtbares
Tribunal aufgeschlagen hatte, die Inquisition leitete,⁵) den kleineren Theil

---

¹) „*Specialiter cum eo* (Albrecht) *treugas non habemus*" rief trotzig Prokop Holy
auf dem Concile von Basel. Birk: Monum. concil. general. sec. XV. I. Tom., 292.

²) „*Ipse maleficiorum factus est indefessus persecutor, praedonum eliminator;
adeo, ut si quis palam aurum manibus per Austriam detulisset, nullus ei obstaculum praebuisset,*" schreibt der berühmte Thomas Ebendorfer von Haselbach bei
Pez: Script. rer. Austr. II. 844.

³) Kurz: Österr. Handel in älteren Zeiten und besonders Maade: Freistadts
Handelsgeschichte und Handelsleben I. (Programm des k. k. Gymnasiums zu Freistadt 1881.)

⁴) Palacky in seiner Geschichte von Böhmen und Krummel, Geschichte der böhmischen Reformation, leugnen jeden Einfluss der Waldesier auf die böhmische Reformbewegung, welchen jedoch, und wie mir dünkt, mit vollem Rechte, in neuerer Zeit
Ebrard, Handbuch der christlichen Kirchen- und Dogmengeschichte II. Bd.; Preger
in seinen Beiträgen zur Geschichte der Waldesier, und in jüngster Zeit H. Haupt, Die
religiösen Secten in Franken, aufrecht halten.

⁵) Mehr als hundert Waldesier mussten zu Steyr den Holzstoss besteigen, viele
wurden in das Gefängnis geworfen. Näheres hierüber siehe in meiner Abhandlung:

der Häretiker zwar vernichtet, den grösseren aber in das frühere, geheimnisvolle Dunkel zurückgescheucht.¹)

Bei der unleugbaren nahen Verwandtschaft der waldesischen und husitischen Doctrinen mochte es den ausgesandten Reisepredigern der letzteren nicht schwer geworden sein, auf dem durch die waldesische Propaganda schon unterwühlten Boden Österreichs Anhänger zu gewinnen. Schon im Jahre 1408 waren die Wiener durch einen Geistlichen aus Augsburg mit den dem Husitismus so nahe stehenden Grundsätzen Wiclifs in einer deutschen Predigt bekannt geworden, und hatten diese Lehren manchen gläubigen Zuhörer gefunden. Es entstanden geheime Conventikel, in denen diese Doctrinen erläutert und neue Anhänger gewonnen wurden.²) Ihre Zahl mehrte sich, als der bekannte Schüler und Freund von Hus, Hieronymus von Prag, im Jahre 1410 nach Wien kam. Derselbe hatte früher in Ofen in einer Predigt wiclifitische und waldesische Ansichten vertheidigt und war deshalb in den Kerker geworfen worden. Nach überstandener Haft hatte er Ungarn verlassen und sich nach Wien gewandt, wo er, von den heimlichen Anhängern seines Meisters freudigst begrüsst, bald öffentlich für dessen Doctrinen Propaganda zu machen suchte.³) Der ständige Vertreter des Bischofs von Passau in Wien jedoch, der Official Andreas Grippenperk (Grillenberg) machte der Thätigkeit Hieronymus' bald dadurch ein Ende, dass er ihn verhaften und wegen Ketzerei vor das geistliche Gericht stellen liess. Er wurde zwar, nachdem er gelobt hatte, seine Irrthümer abzuschwören, seiner Haft entledigt, entzog sich aber durch die Flucht nach Mähren der ferneren Verfolgung des Officials. Aber seine Worte hatten schon Früchte getragen und die Zahl der Anhänger dieser neuen Lehren bedeutend vergrössert. Als nun Grippenperk gegen dieselben mit aller Strenge einschritt und mehrere, darunter auch den Wiener Bürger Hans Giesser in das Gefängnis werfen liess, wandte sich der Stadtrath an die Universität mit der Anfrage, ob Giesser, der sich zum Widerrufe bereit erklärt hatte, nicht, nachdem er denselben geleistet hätte, in Freiheit zu setzen wäre. Wiewohl die Hochschule sich für diese mildere Anschauung aussprach, gab der Official den Gefangenen doch nicht

---

Patarener, Begharden und Waldenser in Österreich in der österr. Vierteljahrschrift für kath. Theologie. XI. Bd.

¹) Noch um das Jahr 1467 wird an der Grenze Österreichs gegen Böhmen eine waldesische Gemeinde erwähnt, deren Bischof Stephan utraquistische Priester weihte, später aber entdeckt und in Wien verbrannt wurde; cf. meine Abhandlung l. c. 245.

²) Weiss: Gesch. von Wien. II. Aufl., 211.

³) Die Erzählung einiger älterer Historiker, Magister Hus hätte in Wien selbst im Jahre 1410 gepredigt, gehört dem weiten Gebiete der Dichtung an.

los, sondern liess ihn processieren und am 9. September 1411 zu Wien auf öffentlichem Platze verbrennen.¹) Die Hochschule selbst beschuldigte er der Neigung zum Husitismus und bedrohte sie mit der Excommunication, nur das energische Auftreten des Rector magnificus konnte den allzueifrigen Official in seine Schranken zurückweisen. Doch war damit die Sache nicht zu Ende, auf der Hochschule blieb der Verdacht der Hinneigung zu husitischen Lehren haften und erhielt neue Nahrung, als sich dieselbe weigerte, den vom Papste Johann XXIII. ausgeschriebenen Ablass zu verkünden. Der Passauer Dechant W. Thiem und der päpstliche Notar J. Pace beschuldigten sie deshalb vor dem Concile von Constanz des geheimen Einverständnisses mit Hus und Hieronymus, die Abgesandten der Hochschule verlangten jedoch eine strenge Untersuchung, durch welche ihre orthodoxe Haltung glänzend gerechtfertigt wurde.²)

Die husitische Propaganda wurde aber wie in Franken, Sachsen und Baiern, so nicht minder in Österreich durch zahlreiche Emissäre eifrigst betrieben. Das Concil von Constanz forderte deshalb im Jahre 1416 die Universität von Wien auf, die nothwendigen Massregeln dagegen zu ergreifen.³) Aber auch dem staatsmännischen Blicke des noch jugendlichen Landesfürsten waren dieses Treiben und die für Kirche und Staat daraus erwachsende Gefahr nicht verborgen geblieben. Wenige Jahre nach Übernahme der selbständigen Regierung hatte er deshalb mit Zustimmung des Diöcesanbischofs von Österreich, Georg von Passau, den Pfarrer von Guttau,⁴) Stephan Lamp, zum Inquisitor perpetuus gegen die noch immer zahlreichen Waldesier, Wicllifiten und die husitischen Reiseprediger in Österreich bestellt. Lamp scheint seinem Amte mit grosser Thätigkeit nachgekommen zu sein, da der Herzog ihm zur Belohnung seines Eifers und seiner Verdienste um den christlichen Glauben gegen die Ketzer jährlich zwanzig Pfund Wiener Pfennige aus den Einkünften des herzoglichen Kastens zu Steyr anwies.⁵) An alle Unterthanen aber ergieng der strenge Auftrag, dass, weil „die nachvolger der keczerei des Hussen ir boten in priester und layen gestalt in geheim schlikchen in vnser stet, merkkt und dörffer zu abkeren

---

¹) Conspectus hist. univer. Vien. 96; Aschbach, Gesch. der Wiener-Universität. I. 299.
²) Aschbach, l. c. 255.
³) „1416, ipsa die cinerum congreg. universit. ad audiendam quandam literam missam de Constancia, in qua consideravit universitas unum punctum de Hussitis, quod quosdam de sua secta mitterent ad omnes terras vicinas, qui ipsorum errorem praedicarent." Kink, Geschichte der k. k. Univ. in Wien, I. II. 51. N. 16.
⁴) Pfarrdorf in Ober-Österreich, Mühlkreis.
⁵) Oedt'sches Manusc. im ständisch. Archiv zu Linz. Von seiner Thätigkeit geben auch noch mehrere Urfehdebriefe Zeugniss.

vnser vndertan von rechtem kristen gelaub," diese „verweiser und abkerer von rechtem gelaub, es sein phaff oder layen, man oder weib" festgehalten und vor das nächste geistliche oder weltliche Gericht der Bestrafung wegen gestellt werden sollten.¹) Auch die zu Salzburg im Jahre 1418 zusammengetretene Synode dieser Kirchenprovinz, zu der unser Vaterland gehörte, erliess ein strenges Verbot, Prediger des Wiclifitismus und Husitismus, oder überhaupt dieser Ketzerei verdächtige Personen in Kirchen, Klöstern, Pfarreien, Herrschaften, Städten und Dörfern, Burgen und Häusern zuzulassen, und belegte die dawider Handelnden mit dem Banne, die Ortschaften mit dem Interdicte, die ergriffenen Emissäre aber oder die der Häresie Verdächtigen sollten dem Inquisitionsgerichte übergeben, ihre Gönner und Förderer in das Gefängnis geworfen werden.²)

Diese Bestimmungen waren von der Nothwendigkeit dictiert, der husitischen Propaganda, welche durch zahlreiche Manifeste,³) sowie durch Emissäre, welche aus allen Classen der Gesellschaft sich recrutierten und die unter den verschiedensten Verkleidungen,⁴) um den Fürsten, die gegen ihre Brüder im Kriege lagen, Abbruch zu thun, selbst vor Verbrechen nicht zurückscheuten,⁵) auf das eifrigste unterhalten wurde, ein Ende zu bereiten. Sie waren um so nöthiger, als auch die österreichischen Lande für einige der Doctrinen des Hus, namentlich die das Kirchengut und die Rechte der geistlichen Fürsten betreffenden, einen nicht ungünstigen Boden für ihr ferneres Entwickeln und Gedeihen boten. So manches Mitglied des Laienstandes, wenn auch sonst den Ansichten des böhmischen Magisters durchaus abgeneigt, fand doch dessen Lehre, dass das Kirchengut die weltlichen Herren in Armut gebracht und die Unfreiheit des Bauernstandes verschuldet habe⁶)

---

¹) dd. Wien, 23. Juli 1418. Hormayr, Gesch. v. Wien, Urkundb. II. N. 89. Ähnliche Befehle ergiengen im Laufe des Krieges noch mehrere, so 1421, 1422, 1423 u. a.
²) Dalham: Concilia Salisburgensia. 185, can. XXXII. „De haereticis".
³) Welche Bedeutung die Katholiken diesen Manifesten beilegten, erhellt daraus, dass die zum Concile von Basel entsandten husitischen Abgeordneten sich ausdrücklich verpflichten mussten, auf ihrer Reise durch Deutschland keine solchen agitatorischen Schriften zu verbreiten. Birk, Monum. concil. general. sec. XV. I. 209.
⁴) So wurden 1429 zwei ihrem Kloster entsprungene Franciscanermönche, welche in weltlicher Tracht herumvagierten, in Linz wegen Husitismus aufgegriffen, doch nach geschworner Urfehde ihrer Haft entlassen. Orig. im k. k. Staatsarchiv zu Wien.
⁵) Noch im Jahre 1429 erhielt der Rath von Frankfurt einen Bericht, dass der Markgraf von Brandenburg einen Mann gefangen hätte, „der kennet, das under den Keczern mer dan IIIIᶜ linnewebir, wolnwebir vnd küresenerknehte sien uczgesant in stede und lande anzulegen vnd vnglucke zu machen". Janssen, Frankfurter Reichscorrespond. I. 367, N. 678.
⁶) Wie sehr diese Lehren beim Bauernstand in Österreich und Deutschland, ja selbst in dem entlegenen Frankreich damals Eingang gefunden hatten, bezeugt das Gutachten des französischen Clerus: dd. Bourges, 27. Februar 1432, über die Nothwendig-

und deshalb wieder in die Hände derjenigen zurückfallen müsse, die es früher in ihrem Besitz gehabt hätten,[1]) nach seinem Geschmacke und ward dadurch zu widerrechtlichen Angriffen auf den kirchlichen Besitz gereizt. Um diesen verlockenden Ansichten mit Macht entgegentreten zu können, schloss im Jahre 1419, nachdem auf dem Provincial-Concile von Salzburg zahlreiche Klagen in dieser Hinsicht vorgebracht worden waren, der Erzbischof Eberhard III. von Salzburg mit seinen Suffragan-Bischöfen von Freising, Regensburg, Passau, Brixen, Gurk, Chiemsee, Seckau und Lavant ein Bündniss zu gegenseitigem Schutze ihrer Rechte, welcher Verbindung auch von Seite des deutschen Königs Unterstützung zugesagt wurde,[2]) während die Stifte und Klöster um Schutzbullen bei dem päpstlichen Stuhle und den Concilien von Constanz und Basel sich bewarben.[3])

Mit diesen Massregeln gegen die husitische Propaganda steht auch Herzog Albrechts strenges Vorgehen gegen die zahlreichen Juden in Österreich im innigsten Zusammenhange. Ältere und neuere Historiker haben in demselben nur einen Ausbruch des fanatischen Hasses gegen dieses damals so verachtete Volk zu erblicken gemeint, ja dem Herzoge dabei sogar eigennützige Motive zu unterschieben gewagt.[4]) Dass der allgemeine Hass der damaligen Zeit gegen die Nachkommen derjenigen, die den göttlichen Stifter der Christuslehre einst an das Kreuz geschlagen hatten, auch eine Rolle in dieser Verfolgung gespielt habe, dürfte wohl nicht zu leugnen sein; dass er aber nicht die Hauptursache derselben gewesen sei, geht aus den überlieferten Nachrichten unwiderleglich hervor. Überall, besonders aber in Baiern, Franken und Sachsen, wurden damals die Juden des Einverständnisses mit den Husiten und der Vorschubleistung beschuldigt. Der berühmte dieser Zeit nicht so ferne stehende Krantzius erzählt, dass die

---

keit des Concils zu Basel, bei Palacky, Urkundl. Beiträge zur Gesch. des Husitenkrieges, II. 272, N. 793, und der Notar des Basler-Concils Peter Bruneti berichtet am 9. Februar 1432 von Basel aus dem Domcapitel von Aras, dass die Abhaltung der Kirchenversammlung von höchster Nothwendigkeit wäre; denn schon seien bei 4000 Bauern jenseits des Rheins gegen die Städte „Wunnensem (Bonn?) und Speier, *nedum contra ecclesiasticos, ymo etiam contra nobiles*" aufgestanden. „*Timendum est,*" fährt er fort, „*quod nisi concilium provideat, omnes isti rustici de Germania tenebunt partem istorum Bohemorum.*" Palacky, l. c. II. 268, N. 789.

[1]) Zöllner, l. c.
[2]) Monumenta Boica XXXI. II. 162.
[3]) Solche Schutzbullen erhielten: Melk, Göttweig, Schotten in Wien, Seitenstetten, Kloster-Neuburg, Garsten, St. Florian, Kremsmünster u. a. Orig. Urkund. in den betreffenden Archiven.
[4]) Wie einseitig und ungerecht gegen Albrecht ist in dieser Hinsicht die Darstellung des sonst so biederen und nüchternen Kurz in seinen Werken über Albrecht IV. und Albrecht V. (II.)!

Juden in Baiern den Husiten durch Zuführung von Lebensmitteln, Waffen und Kriegsgeräten allen Vorschub zur Bekämpfung der Katholiken geleistet hätten, und zu Iglau wurden im Jahre 1426 noch alle Juden vertrieben, weil sie im Einverständnisse mit den Taboriten gestanden haben sollten.[1]) Die Schonung, welcher sich die Juden von Seite der Husiten, besonders aber der Taboriten, in der That zu erfreuen hatten, musste aber auch diesen Verdacht erwecken und nähren. Der Magister Andreas de Broda wirft, nachdem er in seinem antihusitischen Tractate den Vergleich der Taboriten mit den Makkabäern als nicht stichhältig zurückgewiesen hat, den ersteren deshalb auch vor: „*Vos autem contra christianos optimos videlicet contra Chartusienses, contra Cistercienses, contra monachos et fratres, in quibus evidenter viget christianitas, contraque probissimos cives ac fidelissimos incolas regni, dimissis ac intactis Judaeis et haereticis Waldensibus, Taboriticis et Adamitis crudeliter desaevistis.*"[2]) Dass auch Herzog Albrecht, der sonst den Juden nicht unfreundlich gesinnt war,[3]) diesem Verdachte, der auch in Österreich getheilt wurde,[4]) nicht fremd war, erhellt aus den Acten der theologischen Facultät der Wiener Universität, welche schon im Jahre 1419 die Frage wegen des Einverständnisses der Juden, Husiten und Waldesier in ihren Versammlungen ventilierte.[5]) Als nun im Jahre 1420 der sacrilegische Frevel, den sich einige Juden nach der Aussage des Weibes des Kirchendieners von St. Laurenz in Enns mit consecrierten Hostien, die ihnen dieses Messnerweib verkauft hatte, erlaubt haben sollen, ruchbar ward und eine furchtbare Aufregung hervorbrachte, nahm Albrecht denselben zum Anlasse und liess am 24. Mai dieses Jahres alle Juden ins Gefängnis werfen, ihre Güter aber zum Besten der Kammer einziehen.[6])

Der Herzog war aber nicht nur bemüht, den Husiten nach Möglichkeit jede Verbindung mit seinen Unterthanen abzuschneiden, er erkannte auch die Nothwendigkeit einer Reformation des österreichischen Clerus. Deshalb

---

[1]) Chlumecky. die Regesten der Archive im Markgrafentume Mähren, 6.

[2]) Höfler, II. 315. In einem Tractate der Wiener-Theologen gegen die Husiten wird diesen vorgeworfen: „*Contra clerum et templa . . . . crudelius desaeviunt, quam contra . . . . Judeos, continuos Christi domini blasphematores et usuarios manifestos*," Bezold, Husitentum 33.

[3]) Noch 1415 hatte Herzog Albrecht einige Juden zu Einnehmern der von ihnen zu leistenden Steuern bestellt, Kurz, Albrecht II., Anhang N. XVII.

[4]) Die Continuat. Claustroneoburg. V. schreibt: 1421 . . . . „*sed omnes mali Christiani et Judei, tam nobiles quam ignobiles, confugerunt ad eos*" (Husitas).

[5]) „*1419, 10. Jun. congreg. facult. theol. Facta fuit mencio de confederacione Judeorum, Husitarum ac Waldensium.*" Kink II. 45, N. 7.

[6]) Die Aussage dieser Messnerin ist uns noch erhalten; Kultenböck, Österr. Zeitschrift für Geschichts- und Staatskunde. I. 28.

instruirte er seine zum Concile nach Constanz abgeordneten Gesandten, alle Schritte der Väter in dieser Hinsicht auf das eifrigste zu unterstützen.¹) Da aber das Concil dieser Aufgabe, die es doch als eine der ersten auf seine Fahne geschrieben hatte, in Folge anderer Einflüsse nicht nachkommen konnte, so begann er mit Gutheissung des päpstlichen Stuhles die Reformation selbständig ins Werk zu setzen. Vor allem fasste er die beiden reichsten und angesehensten Orden, die Benedictiner und Augustiner, welche sich in Österreich grossen Ansehens erfreuten, dabei in das Auge. Nachdem er sich von dem berühmten Professor der Wiener-Hochschule, Nikolaus von Dinkelsbühel, ein Gutachten über sein Vorhaben hatte ausarbeiten lassen,²) erbat er sich auf Grund desselben vom Papste Martin V. den Prior von Subiaco, Nicolaus Seiringer, einen gebornen Österreicher, und mehrere andere Mönche dieses Klosters zur Durchführung seines Vorhabens. Die Ankömmlinge, welche vom Papste mit den weitgehendsten Vollmachten ausgerüstet waren, wurden in Österreich sehr ehrenvoll empfangen und schritten, nachdem der Herzog die Reformations-Commission bestellt hatte, in welche ausser Seiringer noch der Abt Angelus von Rain in Steiermark und der Karthäuser-Prior Leonard von Gaming, ein von Albrecht sehr hoch geschätzter Mann, berufen wurden, zur Ausführung ihrer Aufgabe. Den Anfang machte die Commission mit Melk, dessen Capitel noch im Jahre 1418 Seiringer als Abt vorgesetzt wurde. Nach Melk folgten die meisten anderen Stifte des Benedictiner- und Augustiner-Ordens.³)

Während aber Österreichs Herrscher alle Massregeln ergriff, welche die Nothwendigkeit erheischte, um die Doctrinen des böhmischen Magisters von seinen Landen ferne zu halten, wobei jedoch nicht geläugnet werden soll, dass bei deren Durchführung nicht selten ein grosser Übereifer,⁴) ja sogar, wie dies bei der Vertreibung der Juden sich zeigte, wilder Fanatismus platzgriffen,⁵) trieben die Dinge in Böhmen, in Folge der Begün-

---

¹) Notizblatt, Beilage zum Archiv für österr. Geschichtsquell. 1853, 331.
²) Schramb, Chronicon Mellicense, 309.
³) Näheres in meinen Studien über die Benedictiner. III. Heft, 33 ff.
⁴) Dieser Übereifer erhellt zur Genüge aus den vielen noch erhaltenen Urfehden aus dieser Zeit, eines Reverses, welchen die wegen Verdachtes des Husitismus gefangen gesetzten Einheimischen und Fremden nach ihrer Entlassung ausstellen mussten. Solche Urfehden finden sich im k. k. Staatsarchive zu Wien, in den Archiven der Städte Wien und Krems, im Musealarchiv von Linz, in dem des Schlosses Riedegg u. a. a. O.
⁵) Ebendorfer, l. c. bei Pez II. 851, entwirft ein grauenvolles Bild dieser Verfolgung. In Wien mussten, wie die Melker Annalen erzählen, mehr als 100 zu Erdberg den Holzstoss besteigen. „Vnd dy sich nicht wolten bekheren," schreibt der Anonym. Vindobon. bei Pez II. 550, „die hett man gefangen vncz in die vasten. Vnd an Mitichen (Mittwoch) Judica ward sand Gregorii tag, da verprant man sew alle, weib vnd man".

stigung, welche König Wenzel anfänglich aus Hass gegen die Deutschen und dann aus Schwäche und Indolenz den Umtrieben des Hus und seiner Anhänger zutheil werden liess, immer mehr und mehr der socialen Revolution zu. Und als in Folge der blutigen Katastrophe vom 30. Juli 1419, des sogenannten ersten Fenstersturzes in Prag, der unheilvolle Bürgerkrieg seine blutige Fahne entrollte, und Wenzel in Folge dessen vom Schlage getroffen starb, da sollten die fanatischen Husiten durch das Schwert zur Anerkennung des einzigen legitimen Erbens des böhmischen Thrones, des deutschen und ungarischen Königs Siegmund, genöthigt werden.

Die Stellung, welche der österreichische Herzog in diesem furchtbaren Kampfe einnehmen würde, konnte keinen Augenblick eine zweifelhafte sein. Seine Würde als einer der ersten Fürsten des deutschen Reiches liess ihn sofort auf Seite des deutschen Königs treten und gegen diejenigen kämpfen, welche alles deutsche Wesen mit dem wildesten, ja geradezu mit fanatischem Hasse verfolgten. Im höheren Grade aber bedingten diese Stellung Albrechts noch die innigen Bande, welche ihn an den letzten Luxemburger knüpften. Derselbe hatte die liebevolle Zuneigung, welche er schon gegen dessen Vater, Herzog Albrecht IV., gehegt hatte, auch auf dessen jugendlichen Sohn und einzigen Erben übertragen und denselben nicht nur gegen den Willen seines Vormundes, Herzog Ernst von der Steiermark, auf dem feierlichen Tage von Pressburg am 30. October 1411 in Anbetracht, dass der himmlische Schöpfer dem jungen Fürsten — Albrecht zählte damals erst 14 Jahre — „genug redlicher vernunft und sinn" verliehen habe, als volljährig erklärt, sondern ihn auch mit seiner einzigen Erbtochter, der zweijährigen Prinzessin Elisabeth, verlobt.[1]) Albrecht begann deshalb zu rüsten und schon Ende Mai des Jahres 1420 zog eine Schaar österreichischer Krieger unter der Anführung des aus Kärnten stammenden Edlen Leopold von Krayg[2]) nach Budweis, zu dessen Hauptmann König Siegmund ihn ernannt hatte.[3]) Im südlichen Böhmen hatten nämlich damals schon die

---

[1]) Rauch, Script. rer. Austr. III. 491, Kurz: Albrecht II. Anhang N. XV. Die Verlobung erfolgte schon am 7. October 1411.

[2]) Leopold von Krayg — die slavischen Chronisten nennen ihn Krajic, Kragiecz, Kragurz u. a. — gehörte einer edlen Familie von Kärnten an, die im XV. Jahrhundert auch in Böhmen und Nieder-Österreich begütert erscheint. Leopold wurde nach seinem im Jahre 1433 erfolgten Tode in der Kirche zu St. Dorothea in Wien begraben. Wissgrill, Schauplatz des landsäss. niederöst. Adels. V. 280.

[3]) Schon am 25. April 1420 verständigt K. Siegmund die Bürger von Budweis, dass er den „edeln Leupolden von Kray" beauftragt habe, dass dieser „mit seinem volke an sew mpnusse" zu ihnen stossen und die „stat bewaren helffen soll". Palacky: Urkundl. Beiträge zur Gesch. d. Husitenkrieges. I. 27, N. 21. Dass der Ernennung und Absendung des Kraygers Abmachungen zwischen Siegmund und Albrecht vorhergegangen

Anhänger von Hus, der seit seiner Verbrennung von denselben als Martyrer verehrt ward,[1]) ihre socialistischen Lehren durch Gründung der auf communistischer Basis eingerichteten neuen Stadt Tabor, sowie ihre fanatische Wut gegen die Kirche und die Deutschen durch Zerstörung geheiligter Stätten[2]) und viele andere Greuel in unmenschlicher Weise bethätigt und dadurch manche früher husitisch gesinnte Herren, namentlich den mächtigen und reichen Ulrich von Rosenberg, zum Anschlusse an die Sache König Siegmunds gebracht. Diesem einflussreichsten Parteigänger in Südböhmen hatte der deutsche König den Auftrag ertheilt, Tabor zu belagern, welchem Befehle der Rosenberger nach dem Eintreffen der österreichischen Hilfstruppen auch nachkam. Die Kunde, dass ihr Hauptwaffenplatz von einer feindlichen Abtheilung umschlossen sei, erregte unter allen Husiten, den radicalen Taboriten, wie den gemässigten Pragern, grosse Bestürzung. Um die bedrängten Brüder zu entsetzen, brach Niklas von Hus, einer der vorzüglichsten Anführer der Taboriten, gegen Ende Juni von Prag gegen Tabor auf, und es gelang ihm, den Rosenberger zu überfallen und in schimpfliche Flucht zu jagen.[3])

Unterdessen liess Papst Martin V. auf Betreiben K. Siegmunds in Deutschland das Kreuz gegen die Husiten predigen, und überall bereitete man sich zu einem Zuge gegen die ketzerischen Böhmen. Auch der österreichische Herzog blieb nicht zurück, sondern bot die Edlen seines Landes zum bevorstehenden Zuge auf,[4]) was auch von Seite seines Vetters von der Steiermark geschah. Um die Mitte Juni brachen die habsburgischen Fürsten

---

sind, geht aus Windeck: Historia Sigismundi imper. bei Menken, Script. rer. Germ. I. c. 69 hervor.

[1]) Einer seiner eifrigsten Anhänger, Peter von Mladenovic, der mit Hus nach Constanz gezogen und Zeuge seines Todes geworden war, stellte dessen tragisches Geschick sogar in Form der Leidensgeschichte des göttlichen Erlösers dar und fand den grössten Anklang damit.

[2]) Schon am 10. Mai 1420 ward das um Verbreitung der Cultur im südlichen Böhmen so hochverdiente Cistercienser-Kloster Goldenkron bei Krumau, das K. Ottokar II. im Jahre 1263 zu diesem Zwecke gestiftet hatte, zerstört; die dabei gefangen genommenen Mönche wurden an den nächsten Bäumen aufgehängt (Sage von den capuzenförmigen Blättern der Klosterlinden); cf. Pangerl, Urkundb. des ehm. Cistercienserstiftes Goldenkron in Font. rer. Austr. II. Abth., XXXVII. Bd. 418.

[3]) Nach Brezinas Chronik de gestis et variis accidentibus regni Boemiae bei Höfler I. 370 begann die Belagerung von Tabor „prope Usk" am 18. Juni, der Entsatz durch Niklas von Hus erfolgte am 30. desselben Monats.

[4]) Mit Albrecht zogen die Vertreter der ersten Geschlechter von Österreich: wie Schaunberg, Potendorf, Starhemberg, Ebersdorf, Kuenring, Volkersdorf, Polheim u. a., denen der Herzog, weil sie ausser Land ziehen mussten, die üblichen Schadlosbriefe ausstellte. Siehe Lichnowsky, Geschichte des Hauses Habsburg. V. Reg. 1954, 1955 und Landesarchiv von N. Ö.

von Freistadt, dem gemeinsamen Sammelpunkte des österreichischen Contingentes, nach Budweis auf.[1])

Während des Marsches jedoch kam den beiden Herzogen vom König Siegmund der Auftrag zu, mit ihren Truppen dem geschlagenen Rosenberger, der die Ursache seiner Niederlage dem geringen Succurse der Österreicher zuschrieb, zu Hilfe zu kommen.[2]) Während Ernst diesem Befehle nachkam und Tabor belagerte,[3]) rückte Albrecht mit seinen 4000 Reitern über Sobieslau, Milciz und Bistriz, wo er den husitischen Pfarrer von Arnostowic und acht seiner Glaubensgenossen verbrennen liess,[4]) nach Prag,[5]) das von dem grossen Heere des deutschen Königs und seiner Verbündeten belagert wurde. Die Österreicher besetzten die südliche Seite bis an die Moldau bei Wissehrad, da aber die Hauptstadt nicht genommen werden konnte, zogen sie anfangs August wieder in die Heimat zurück.[6]) Früher schon als die Österreicher hatte Herzog Ernst mit den Seinen, welche mit Noth einem geplanten Überfalle der Husiten bei Schweinitz entgangen waren, den Rückweg angetreten.[7])

Die Kämpfe der Taboriten gegen Ulrich von Rosenberg nahmen nach dem Abzuge der Steirer einen neuen Aufschwung, besonders, als im Herbste

---

[1]) „Item eodem anno vicesimo, des Eritags nach sand Veith (18. Juni) zog der herzog Albrecht und herzog Ernst gen Pehaim dem chunig Sigmund von Ungern zu hülf an auf die Hussen," schreibt der Anonym. Vienn. Freistadt als Sammelplatz nennt Ebendorfer l. c. 849.

[2]) Am 1. Juli 1420 schreibt K. Siegmund an Ulrich von Rosenberg: er habe den Herzogen von Österreich seinen Getreuen Johann von Neuhaus entgegengeschickt und sie auffordern lassen, Ulrich gegen die Taborer zu unterstützen. Palacky, urkundl. Beiträge I. 32, N. 31.

[3]) „Der herre von Österreich und der von Rosenberg mit im sullen mit grosser macht ligen vor eine Thabor bei Awek." Schreiben des Rathes von Nürnberg an den von Ulm dd. 9. Juli 1421; Palacky, Beiträge I. 38, N. 36. Da aber um diese Zeit H. Albrecht schon auf dem Marsche gegen Prag war, kann unter diesem „herre von Österreich" nur H. Ernst verstanden werden. Dies bestätigt ausdrücklich ein späteres Schreiben der Nürnberger an Ulm (19. Juli), worin erstere letzterem bekannt geben, dass H. Albrecht zum Heere nach Prag gekommen sei, dass man aber noch des H. Ernst harre, der vor einem Berg und Schloss geheissen „Tabor bey Awzk" gelegen sei und „den oberhawbt gewunnen und alle, die er darauf begriffen, erslahen und verprennen hat lassen". Palacky, Beiträge I. 43, N. 38.

[4]) Brezina bei Höfler I. 375.

[5]) Nachdem dem Berichte Brezinas zufolge H. Albrecht am 6. Juli in Bystriz ist, am 11. aber schon „im Feld vor Prag" steht (Lichnowsky, Gesch. des Hauses Habsburg V. Reg. N. 1968), dürfte die Ankunft der Österreicher vor Prag um den 9. Juli erfolgt sein.

[6]) „Sie schaffen nichts und chamen herwider Laurentii" berichtet der Anonym. Vindobon. bei Pez II. 550.

[7]) Ernst war schon am 4. August in Weitra, wie sein Schreiben wegen des Brandes von Schweinitz an den Rosenberger bezeugt, bei Kurz: Albrecht II., II. Bd. 30.

dieses Jahres noch Zisca, ihr Hauptanführer und unstreitig der grösste und genialste Stratege dieser Zeit, selbst im südlichen Böhmen erschienen war. Nachdem er Wodnian, Prachatiz und Lomniz eingenommen und Stadt und Burg Neu-Bistriz, welche Eigenthum des österreichischen Anführers Leopold von Krayg waren, gebrochen und in Asche gelegt hatte,[1] bei welcher Gelegenheit ihm die Gemahlin und Tochter Kraygs in die Hände gefallen waren, besiegte er am 12. October Ulrich von Rosenberg und Leopold von Krayg bei Borpanský und hauste dann auf den Gütern des ersteren in unmenschlicher Weise.[2] Es ist nicht unwahrscheinlich, dass Zisca auf diesen Zügen auch die österreichische Grenze überschritten und viele Österreicher gefangen fortgeführt hat, welche dann über Auftrag des Herzogs Ulrich von Rosenberg zu Anfang des Jahres 1421 ihrer Haft entledigen liess.[3] Als um die Mitte Novembers auch eine der festesten Burgen des Rosenbergers, Příbeniz, nicht ohne Verrath in Ziscas Hände gefallen war, sah sich ersterer genöthigt, einen Waffenstillstand mit den Taboriten einzugehen, der bis zum 4. Februar des nächsten Jahres (1421) dauern sollte.[4] Unterdessen dauerten die Kämpfe der Österreicher mit den Husiten fort. Ein Haufe derselben war auch in Mähren eingedrungen und hatte auf einer Insel der March bei Hradisch (Ungarisch) einen Tabor errichtet, von dem aus mit Hilfe der von allen Seiten zusammenströmenden Bauern das Kloster Welehrad zerstört und der Abt, sowie einige Mönche desselben sammt der reichen Bibliothek verbrannt wurden. Bischof Johann der Eiserne von Olmütz, der eifrigste Gegner der Husiten, und die katholischen Herren von Mähren riefen die Österreicher zu Hilfe, welche im Februar 1421 beim Dorfe Nedakoniz in der Nähe von Hradisch zuerst zum Kampfe kamen und bei dem Sturme auf den Tabor viele der Ihren auf dem Platze liessen, weshalb sie ihr Lager in Brand steckten und abzogen.[5]

---

[1] „*Etiam eodem anno (1420) Zizka cum Thaboritis et cum Ulrico de Nova domo, dicto iuvene Wawak, acquisierunt civitatem dictam Bystrzyze cum castro domini Lipoldi dicto Kragerz et uxorem eius ibidem captivaverunt cum filia et civitatem cum castro destruxerunt.*" Chronicon veter. Collegiati Pragensis bei Höfler I. 82.

[2] Palacky, Gesch. von Böhmen III. 2. 169.

[3] Lichnowsky V. Reg. N. 1995.

[4] Archiv česky III. 280.

[5] „*Item eodem anno scilicet MCCCCXXI currente in mense Februarii in Moravia novum Thabor in quadam insula fluminis Morava in villa dicta Nedakoniz prope Straznic inchoatur et hi Thaborite rustici scilicet cum quibusdam presbyteris simulque clientibus monasterium Welhrad obsidentes abbatem met septimum cum monasterio cum libris plurimis combusserunt. Timentes igitur episcopus Olomucensis et barones cum clientibus Moravic, ne fortificatis Thaboritis damna intolerabilia prout in regno Boemie susciperent, campum omnes cum Australibus pro expugnanda insula rapuerunt. Et cum impetum in insulam facerent, prostrati*

Die ungünstigen Erfolge, welche König Siegmund im Jahre 1420 in Böhmen erzielt hatte, und die ihn im März des Jahres 1421 nöthigten, dieses sein Erbreich gänzlich zu verlassen, veranlassten ihn, alle Kräfte zu einem neuen Zuge aufzubieten. Er schrieb deshalb für den 13. April 1421 einen Reichstag nach Nürnberg aus und bewog zugleich den Papst, durch den Cardinallegaten Branda einen neuen Kreuzzug predigen zu lassen. Derselbe blieb aber, da sich der deutsche König selbst davon ferne hielt, resultatlos; doch dem eifrigen Bemühen des Cardinals Branda gelang es endlich, auf dem Tage zu Wesel einen grossen Bund gegen die Husiten zustande zu bringen, auf dem beschlossen wurde, am 23. August von dem Sammelplatze Eger aus nach Böhmen vorzurücken.[1])

Siegmund, der unterdessen am 24. März 1421 zu Seefeld den österreichischen Herzog mit seinen Landen belehnt hatte, trat bald noch in innigere Beziehung zu diesem seinen Liebling. Vermuthlich im Mai,[2]) wenn nicht schon im Märze zu Seefeld, wurden die Verhandlungen wegen der Vermählung Albrechts mit Elisabeth wieder aufgenommen und zugleich wegen der zu leistenden Hilfe „wider die Wiccleffen und keczer" unterhandelt. Damals schon wurden die Grundzüge jenes für Österreich so bedeutungsvollen Vertrages festgesetzt, der mit wenigen Änderungen[3]) endlich am 28. September zu Pressburg in feierlicher Weise besiegelt wurde. Diesen Abmachungen zufolge verpfändete der deutsche König dem österreichischen Fürsten für die diesem erwachsenen Kriegskosten die Städte Budweis in Böhmen, Znaym, Iglau, Jemniz und Pohrliz in Mähren; die Aussteuer der Prinzessin ward auf 100.000 Dukaten festgesetzt, die Albrecht mit der nämlichen Summe widerlegte. Zugleich wurde diesem das Pfand- und Vogteirecht über alle Ortschaften, die er noch in Mähren und Böhmen erobern würde, eingeräumt,

---

sunt multi de Australium parte et civium Olomucensium. Qua de re simul contendentes incensis budis a campis recesserunt." Brezina bei Höfler I. 451.

[1]) Bezold: K. Sigmund und die Reichskriege gegen die Husiten. I. 50 ff.

[2]) Dieser Zeitpunkt ergibt sich aus dem Schreiben des Breslauer Domherren Thomas Mas an den Hochmeister des deutschen Ordens. Schon am 21. Juli 1421 berichtet ihm dieser die Grundzüge des späteren Vertrages von Pressburg. „Ouch wisse ewir gnade, das mein herre, der romische konig mit dem von Osterreich vmbe das fröwlein von Hungern und alle andir sachen sich genczlich geeinet hat, und der von Osterreich der leyt dem konige czwehundirtawsint bereiter gulden, davor her em oyngegebin hat vnd vorsatzt die nochgeschriben state und lant in Behmen Budwis, in Merhern Snewma, Egla, Czmpnicz und Scalicz, so das der von Osterich mit alle seiner macht meinem herren dem konige vorgeschreben beystehn und helfin wil bis zum ende." Grünhagen, Scriptor. rer. Silesiacr. VI. 8, N. 11.

[3]) Diese Änderungen, die vermuthlich dem Einflusse einiger Albrecht abgeneigten Räthe Sigmunds zuzuschreiben sind (Windeck cap. 89), betrafen die Anleihe von 60.000 Dukaten, sowie die Einräumung von Pohrliz statt des früher festgesetzten Skaliz.

doch sollten dieselben den königlichen Truppen stets offen sein. Albrecht gelobte dafür, Siegmund 60.000 Dukaten zum Kriege vorzustrecken, ihn dabei mit all seiner Macht zu unterstützen und sich mit den Feinden in keine Separatverhandlungen einzulassen. Auch ertheilte der König dem Herzoge die Vollmacht, alle Husiten, welche ihren Irrthum abschwören und zur römischen Kirche zurückkehren würden, in Gnaden wieder aufnehmen zu können.[1]) Auf Grund dieser Abmachungen gab Siegmund den deutschen Fürsten bekannt, dass er an dem festgesetzten Termine im Felde stehen werde, was auch Albrecht zu thun versprach.[2]) Diesem Versprechen gemäss begann der Herzog seine Vorbereitungen zu treffen. Das Kreuz wurde gepredigt, und die für die Theilnahme Gewonnenen wurden mit einem Kreuze aus rothem Tuche bezeichnet.[3]) Überdies wurden die Edlen mit ihren Reisigen aufgeboten, und ihnen sowie den Kreuzfahrern Waidhofen an der Thaya zum Sammelplatze bestimmt, von wo aus das Heer am 21. September nach Mähren aufbrechen sollte. Doch konnte Albrecht diesen Tag nicht einhalten, der Aufbruch verzögerte sich. Die Schuld an dieser Verzögerung trug König Siegmund, der den Herzog gerade um diese Zeit nach Pressburg berief, um die oben erwähnten Verhandlungen zum endgiltigen Abschlusse zu bringen.[4])

Das deutsche Kreuzheer war Ende August in Böhmen eingedrungen und bis Saatz vorgerückt; auf die Kunde jedoch, dass Zisca mit den Taboriten heranrücke, kehrte dasselbe in schmählicher Flucht zurück. Anfangs October brach Albrecht über Znaim in Mähren ein, gleichzeitig begab sich auch Siegmund zu seinem ihn schon lange bei Olmütz erwartenden Heere, während die Schlesier gleichfalls um diese Zeit ins Feld rückten. Statt aber eine Vereinigung herbeizuführen, operirte jedes dieser drei Heere auf eigene Faust, was das Misslingen des ganzen Feldzuges zur Folge hatte.

---

[1]) Die Verträge bei Kurz, Albrecht II., II. 37 und Anhang N. XX. Dieser Geschichtschreiber erblickt in diesen Verträgen die Hauptursache der grossen Feindschaft der Husiten gegen Albrecht.

[2]) Andreae Ratisbonens. Chronica bei Höfler II. 410.

[3]) „Des jar (1421) kham ein cardinall von Rom vom babst Martino gesandt, er bracht grossen antlass und vergebung aller sünden und schult allen den, die an die Hussen zugen und das creucz von rotten tuech an ihr khlaider nämen." Kleine Kloster-Neuburgerchronik im Archiv für österr. Gesch. VII. 246.

[4]) Am 9. September 1421 schreibt Albrecht an Jörg von Starhemberg, dass, obwohl er am 21. September in Waidhofen an der Thaya zu sein beschlossen hätte, er doch in Folge der kaiserlichen Botschaft, seine Räthe zum Empfange seiner Braut nach Tyerna (Tyrnau) zu senden, seinen Zug gegen Böhmen auf den St. Michaelstag habe verschieben müssen, an welchem Tage sich Jörg mit seinen Reisigen in Waidhofen einzufinden habe. Orig. im Schlossarchiv Riedegg.

Das österreichische Heer, bei 30.000 Mann stark[1]) und von seinem Herzog selbst geführt, schloss am 21. October die Stadt und Burg Jaispitz ein und eroberte dieselbe am 26. desselben Monats, wobei deren Besitzer, Secima von Kunstatt, mit seiner Familie in die Gefangenschaft gerieth.[2]) Da von diesem Platze aus den Österreichern viel Schaden zugefügt worden war, so wurde derselbe auf des Herzogs Befehl gänzlich zerstört.[3]) Es war dies das einzige hervorragendere Resultat des Feldzuges, worauf der Herzog, nachdem er noch einige husitische Barone wieder zur Unterwerfung gebracht hatte, nach der Mitte Novembers mit seinen Truppen den Heimweg antrat.[4])

König Siegmund war zwar mit seinem Heere, nachdem er Mähren wieder unter seine Herrschaft gebracht und einen Landtag zu Brünn gehalten hatte, in Böhmen selbst eingedrungen und hatte Kuttenberg wieder eingenommen, musste jedoch bald in Folge der schmählichen Flucht seiner Scharen bei Deutschbrod (9. Jänner 1422) das Land wieder verlassen und begab sich nach Mähren zurück. Schon im Laufe des Novembers hatten neue Unterhandlungen mit Albrecht stattgehabt, in Folge dessen der letztere wieder zu rüsten begann. Um die nöthigen Summen zur Kriegführung zu erlangen, berief der Herzog die Stände von Ober- und Niederösterreich zusammen und liess alle Weingärten in Österreich schätzen. Von jedem Gulden der Einschätzungssumme wurde mit Zustimmung der Stände zwanzig Pfennige als Steuer erhoben, wofür Albrecht ihnen am 26. November einen Schadlosbrief ertheilte, in welchem er erklärte, „daz derselben stewr auf-

---

[1]) Windeck cap. 90 gibt entgegen der wohlunterrichteten kleinen Kloster-Neuburgerchronik nur 12.000 Mann an.

[2]) „Desselben jar zog herczog Albrecht für Jäspicz, woll mit 30.000 mann und gewang die stat und das haus mit sollichen mannen und legt die nider zu der erden, und fieng den von Jäspicz und alle, die in velt waren, die hetten all das creucz an sich genumen von des babst urlaub und gunst, es wurden an demselbm sturmb der Teutschen auf 30 person erschlagen, erschossen, erworffen." Kleine Kloster-Neub. Chronik. Brezina (Höfler I. 499) nennt die Stadt Benisovic und lässt sie durch die „duces Austrie ad regis Sigismundi instigationem" belagert und erobert werden. „Et Australes" fährt er fort, „quia castrum in metis eorum extitit et damna plurima de eo erant perpessi, totaliter usque ad fundum rumpentes destruxerunt." Anonym. Vindob. 550, gibt das Datum an, Ebendorfer versetzt die Eroberung in das Jahr 1415.

[3]) Secima erhielt erst 1423 von Albrecht die Freiheit von „der veuknisz, darin er mich genommen hat von der angriff wegen, die ich in sein landt getan hab vnd darumb er mir die stat vnd das haus zu Jenspicz hat abgewunnen vnd nidergebrochen" gegen Ausstellung einer Urfehde. Kurz, Albrecht II., II. 53.

[4]) Albrecht weilt schon am 26. November wieder in Wien. Lichnowsky, V. Reg. N. 2046. Es ist deshalb unrichtig, wenn Kurz, und nach ihm Aschbach in seiner Gesch. K. Siegmunds III. Bd., 149, berichten, die Österreicher hätten sich erst nach der Schlacht von Deutschbrod zurückgezogen. Was beide von einer Flucht der Österreicher vor Ziska erzählen, gehört in eine spätere Zeit.

2*

sleg nicht von rechtens wegen sunder von ierem (der Stände) gutleichem willen got dem almechtigen zu lob, dem heiligen kristenleichen gelauben zu fürdrung und ze hilffe der ausrewttung vnd vertilgung solher keczerey, die sich in den landen ze Behem und Merhern hat erhebt, beschechen ist."[1]) Überdies wurde eine Art Landwehre errichtet, indem die ganze waffenfähige Mannschaft vom 16. bis zum 70. Lebensjahre aufgezeichnet und zugleich von allen Waffen, Harnischen und anderen im Lande befindlichen Kriegsgeräthschaften genaue Verzeichnisse an den herzoglichen Hof eingesandt werden mussten.[2]) Dass Albrecht damals überdies noch mit den mächtigeren Herren des Adels Verträge wegen Zuzugleistung und Stellung von Söldnern abgeschlossen hat, bezeugen die darüber ausgestellten Reverse.[3]) Mit dem Clerus und den Städten wurden im März des Jahres 1422 überdies noch separate Verhandlungen geführt. Auf Befehl des römischen Stuhles mussten der Abt von Melk und die Pröpste von Kloster-Neuburg und St. Stephan in Wien mit dem Herzoge wegen des von den geistlichen Liegenschaften zu leistenden Kriegsbeitrages unterhandeln. Das Resultat war der Auftrag, den zehnten Theil des kirchlichen Einkommens von allen Pfarreien, Stiften, Klöstern, Beneficien und anderen Pfründen, nur die Joanniter und deutschen Herren waren ausgenommen, durch die nächsten zwei Jahre an die herzogliche Kammer abzuführen.[4]) Auch wurde die Summe von 60.000 Dukaten, welche der Herzog seinem Schwiegervater im Vertrage von Pressburg zugesagt hatte, auf die Prälaten und Städte gelegt, und da diese Gelder nicht einkamen,[5]) überdies von letzteren noch grössere

---

[1]) Orig. Perg. Hängesieg. im k. k. Staatsarchiv. Die Ergänzung hiezu liefert die kleine Kloster-Neuburgerchronik l. c. Dass diese Massregeln erst in das Ende des Jahres 1421 fallen, geht ausser dem erwähnten Schadlosbrief, dd. Wien, 26. November 1421, auch noch aus der eben angeführten Kloster-Neuburgerchronik klar hervor, welche die Vornahme der Abschätzung ganz richtig in das Jahr 1422 setzt.

[2]) „Anno 1421 liess herczog Albrecht all menschenpildt edl und unedl beschreiben, die manen, welichen über 16 jar was und welicher under 70 jar was, und all hürnisch und waffen musst man überall im landt gehn hoff geschriebe senden, das thet er, als ob in die Hussischen angriffen, damit er in widerstandt thuen kund und möcht." Dass auch dieser Befehl erst in das Ende des Jahres 1421 zu setzen ist, geht daraus hervor, dass Albrechts Truppen, welche die Expedition nach Mähren mitmachten, aus Kreuzfahrern bestanden, wie die Kloster-Neuburgerchronik dies genau erzählt.

[3]) Am 26. Jänner 1422 stellt Albrecht zu Eggenburg dem Grafen Johann von Schaunberg zwei Schadlosbriefe für ihn und seinen Zuzug mit „500 werleicher gesellen zu rossen" für allen Schaden, „was er selber auf sein person von der winden" und für seine Reiter „redleich schaden nymbt", aus. Orig. Perg. Sieg. gebroch. im Schlossarchiv zu Riedegg. Ähnliche „Briefe" erhielten Rudolf von Tiernstein, Hanns von Eberndorf, Jörg von Starhemberg u. a. Orig. im Landesarchiv von N. Ö., Muscalarchiv in Linz u. a.

[4]) Orig. Bulle im k. k. Staatsarchiv, Lichnowsky, V. Reg. N. 2073.

[5]) „Er schluegg auch auff die prelaten und stätt 60.000 d. als zu ainem lehen, die wurden nie bezalt." Kleine Kloster-Neuburgerchronik.

Summen als Darlehen entlehnt.¹) Mit der ausgehobenen Mannschaft und den Söldnern wurden die Grenzfestungen Eggenburg, Waidhofen an der Thaya, Drosendorf u. a., namentlich die als Pfand zu besetzenden Städte Budweis, Iglau u. a. theils besetzt, theils deren Besatzung verstärkt.²)

Während König Siegmund auf alle Weise sich bemühte, durch Verstärkung seiner Macht Böhmen sich wieder unterthänig zu machen, sahen sich auch die Böhmen selbst, namentlich die gemässigte Partei der Husiten um Hilfe um³) und suchten sich mit einer slavischen Macht zu verbinden. Da König Wladislaw von Polen die mehrmals ihm angebotene böhmische Krone wegen der husitischen Ketzerei ausgeschlagen hatte, so traten die Czechen mit Wibold, Grossfürst von Littauen, in Unterhandlungen, der sich endlich im Juni 1421 zur Annahme der Wenzelskrone bereit erklärte und seinen Neffen Siegmund Korybut nach Böhmen abzusenden versprach, welcher in der That im April 1422 von Krakau gegen Mähren aufbrach. Der deutsche König, dem diese Verhandlungen nicht unbekannt geblieben waren, suchte durch eine noch engere Verbindung mit dem österreichischen Herzog als bisher dem heranziehenden Sturme, der durch die Siegmund feindliche Haltung des Kurfürsten Friedrich von Brandenburg, welcher in nahe Beziehung zu dem Grossfürsten von Littauen getreten war, noch drohender sich gestaltete,⁴) Widerstand zu leisten. Er räumte deshalb Albrecht nicht nur die als Pfand zugesagten festen Plätze in Böhmen und Mähren ein,⁵) sondern übertrug ihm auch bei der persönlichen Zusammenkunft zu Nikols-

---

¹) Am 7. Jänner 1422 ersucht Herzog Albrecht die Freistädter um 800 fl., da er viel Geld auf den Zug gegen die Husen gebraucht habe, auch habe er dem römischen König einen ansehnlichen Geldbetrag schon gezahlt und müsse ihm auf die Fastnacht und am St. Georgs-Tage noch eine namhafte Summe entrichten, wofür ihm dieser bedeutende Städte und Schlösser in Mähren und Böhmen einantworten wird; er bedürfe auch eine grosse Summe zum jüngst beschlossenen Husenkrieg. Orig. im Archiv von Freistadt; von der Stadt Steyr begehrte er 1500 Gulden, eine ähnliche Summe von Enns, Linz u. a. Städten. Nicht unerwähnt mag bleiben, dass der Herzog den Bürgern von Linz befahl, dieses Anlehen auf vermögliche Leute zu legen, das gemeine Volk „ungekümert und ungeschraift" zu lassen. Stadtarchiv von Linz.

²) Lichnowsky V., Reg. N. 2078, cf. Die Rechnung des herzoglichen Hubmeisters Berthold von Mangen bei Kurz l. c. Anhang N. XXI.

³) Die Prager hatten schon 1420 mit den Venetianern, die damals im Streite mit K. Siegmund lagen, ein Bündnis wider denselben zu schliessen versucht und dieselben aufgefordert einen Einfall in das Gebiet der österr. Herzoge zu machen, damit diese „nefandi duces" nicht dem König vor Prag Beistand leisten könnten. Palacky, Beiträge I. 39, N. 37.

⁴) Nach den trefflichen Ausführungen Bezolds, K. Sigmund und die Reichskriege, I. 59—67.

⁵) Dass K. Siegmund damals erst Budweis und die anderen Pfandobjecte dem österr. Herzoge factisch übergeben habe, geht aus dem Schreiben des letzteren an die Städte Freistadt und Steyr deutlich hervor; cf. Prevenhueber, Annales Stirenses, 84.

burg am 23. März 1422 die Statthalterschaft über Mähren und gestattete, dass endlich die Vermählung Elisabeths mit dem Herzoge statthatte.¹) In Nikolsburg hatte Albrecht seinem Schwiegervater versprochen, mit 4000 Reitern nach Mähren zu kommen,²) um demselben, der immer noch in Mähren kriegte, Hilfe zu leisten und die Verwaltung zu übernehmen, aber er wurde an der Ausführung seines Versprechens durch einen Einfall der Husiten, dem ersten historisch nachweisbaren, in die österreichischen Lande selbst gehindert. Um nämlich Albrechts Zug nach Mähren und einen Zusammenstoss desselben mit dem heranrückenden Prinzen Korybut zu verhindern, brachen die Husiten Ende April oder im Anfange des Mai von Mähren aus in den Kreis ober dem Manhardsberge ein und raubten und brannten im Lande. Besonders hart wurden damals die an der Grenze liegenden Güter des Klosters Zwetl mitgenommen, dem die Feinde bis auf zwei Tagreisen nahe kamen.³) Auf die Kunde davon war Albrecht sofort, aber doch zu spät, denn die Feinde waren mit dem zusammengeraubten Viehe, Wein und anderen Gütern schon wieder ausser Land gezogen, in die bedrohte Gegend aufgebrochen und hatte zu Eggenburg sein Hauptquartier aufgeschlagen.⁴) Von dort aus traf er, da ein neuer Einfall zu besorgen war, die nothwendigen militärischen Massregeln. Die Landwehre wurde aufgeboten, Kreishauptleute ernannt⁵) und allen geistlichen und weltlichen Herrschaften auf das strengste eingeschärft, ohne Säumen, im Nothfalle mit Gewalt, ihre Unterthanen und Holden auf die erste Forderung der Hauptleute an die von diesen bestimmten

---

¹) Die Vermählung fand am 23. April statt. Die Urkunden bei Kurz l. c. und Lichnowsky, V. Reg. N. 2072.

²) Am 25. April 1422 berichtet der Dechant von Liegnitz dem Hochmeister des deutschen Ordens in Preussen, dass Korybut nach Mähren ziehe. „Item am sonntage nach Quasimodo geniti sulde der herczog von Ostreich komen czu dem konige mit 4000 pherden und sal im nemen das lant czu Merhern." Palacky, Beiträge I. 190, N. 177.

³) Über Bitten des Abtes Friedrich und des Conventes von Zwetl bewilligte Papst Martin dem Kloster durch ein Breve dd. Rom 20. August 1423 die Incorporirung der Pfarreien Zisterdorf und Schweiggers, weil das Kloster „propter guerras, que iam diu in partibus illis riguerunt et presertim gencium armatorum et aliorum pro extirpacione heresum in regno Boemie pullulancium per possessiones et divina eiusdem monasterii aduersus iniquitatis filios peruersitatis viam, quam damnate memorie Johannes Huss contra orthodoxam fidem astruere visus est, insequentes, transeuncium et ipsorum hereticorum, qui ad duas dietas vel circa dicto monasterio sunt confines, eisdem gentibus resistencium et fideles Christi, eciam subditos dicti monasterii hostiliter inuadencium" .... in grosse Armuth gerathen sei. Orig. Perg. im Archiv des Stiftes Zwetl.

⁴) Ist am 27. Juli in Eggenburg, cf. Pachmayr, Series abb. et religios. Cremifanens. 224.

⁵) Als solche erscheinen Graf Johann von Schaunberg, der oberste Marschall Otto von Meissau u. a. in den Urkunden dieser Zeit.

Sammelplätze zu senden.¹) Durch diesen Einfall und namentlich durch den nicht zu rechtfertigenden Rückzug Siegmunds aus Mähren, der damals, wie aus einem Schreiben des Dechants von Liegnitz an den deutschen Hochmeister hervorgeht, mit bedeutender Macht vor der Burg Steinitz lag,²) nach Ungarn, konnte Korybut mit seinem kleinen Heere nicht nur seinen Zug durch Mähren nach Böhmen fortsetzen, sondern auch, obwohl er bei Olmütz eine kleine Niederlage durch die tapferen Bürger dieser Stadt erlitten hatte, einige feste Plätze in Mähren selbst in seine Hand bringen.³) In Prag angekommen, wurde er auf dem Landtage zu Czaslau als Landesverweser von den meisten böhmischen Ständen und endlich selbst von Zisca und den Taboriten anerkannt.⁴)

In Deutschland war nach vielen Verhandlungen, in denen die Opposition der Kurfürsten gegen König Siegmund, an der er freilich selbst durch seine unentschiedene, oft zweideutige Politik grosse Schuld trug, deutlich zu Tage trat, doch endlich am 25. Juli 1422 wieder ein Reichstag zu Nürnberg zusammengetreten, auf welchem, nachdem der Brandenburger mit dem Könige sich versöhnt hatte, ein allgemeiner Zug gegen die Husiten beschlossen wurde. Als Führer des Zuges, neben dem auch der „tägliche Krieg" fortgehen sollte, wurde der Kurfürst von Brandenburg bestimmt, und zugleich wurden die Reichscontingente aufgeboten.⁵) Herzog Albrecht sagte gleichfalls seine Theilnahme zu und entbot deshalb die hervorragendsten Edlen seines Landes, wie Jörg von Starhomberg, Reinprecht von Walsee, Graf Johann von Schaunberg, Otto von Meissau u. a. Ende September zu einer Be-

---

¹) „Wan die kéczer, die man Hussen nennet, meineidiger angriff in unser land zu Oesterreich getan und yecz newlich etleiche dörffer an den gemerkten mit lewt und gut verprant und am raub aus dem land geführet und getribn habent, und zu wesarge ist, das sie das hiefur mer tun werden ... nun haben wir in allen rivieren des lands sunder hauptleut gesaczt und den emphelichen, wan die vorgenannte kéczer fürbazzer mer in das land ziehen und das beschedigen wollten, das si den mit aln irn wonern einer ytleichen rivier an verzichn auf sein und dem land und kristleichen gelauben zu rettung in engegn ziehen an solich stet, dahin si den von unsern obristen hauptlewten geuordert werden. Dauon emphelichen wir ew allen ewr jigeleichen besunder und gepieten gar ernstleich, das ir kristeleichen gelauben zu rettung und eren, dem land, uns und ewr solber zu gemainen nucz und frummen mit all ewrn dienern, holden und undertanen, wo ir de in dem land habt, schaffet und we darzu haltet und nettet, ob si des wider sein wollten, wen si von solicher natdurft wegn des lands von unsern hauptlewten, in der rivier si gesessen sind, gouordert werden, das si dan an verzeichen und an alle waigerung. . . . ." Orig. im Archiv von Kremsmünster.
²) Zwischen Brünn und Ostrow.
³) Aschbach, Gesch. K. Siegmunds III., 164.
⁴) Palacky, Gesch. von Böhmen III. 2, 309.
⁵) Bezold, K. Sigmund I. 80 ff.

rathung nach Wien.[1]) Daselbst wurde beschlossen, dass das österreichische Heer im October sich in Waidhofen an der Thaya sammeln und am 4. November gegen die Husiten aufbrechen sollte.[2]) Das Heer des Brandenburgers war um die Mitte October unter dessen persönlicher Führung in Böhmen bis Tachau vorgedrungen, trat aber von dort, da die Reichshilfe theils ganz ausgeblieben war, theils verspätet anlangte, ein Zug zum Entsatze der von den Husiten bedrängten Feste Karlstein misslungen war, und König Siegmund gar nichts zum Gelingen des Unternehmens beitrug, im December den Rückzug an.[3]) Auch der österreichische Herzog wurde durch seinen Schwiegervater gehindert, wie er an Jörg von Starhemberg schreibt, am festgesetzten Tage in Waidhofen zu erscheinen, um gegen die Husiten zu ziehen,[4]) weil Siegmund von Nürnberg aus seine Rückreise nach Ungarn über Wien genommen hatte und erst um die Mitte November nach Pressburg weiter gezogen war.[5])

Die Ursache, weshalb König Siegmund das deutsche Heer nicht unterstützte und auch seinen Schwiegersohn verhinderte, den beschlossenen Zug gegen die Husiten auszuführen, lag wohl theilweise in seiner Abneigung gegen den Führer der Deutschen, den Kurfürsten von Brandenburg, den der König als das Haupt der Opposition im Reiche betrachtete, vorzüglich aber in den Beziehungen, die er mit dem Könige Wladislaw von Polen und dem Grossfürsten von Littauen schon im September 1422 angeknüpft hatte. Dieselben gestalteten sich im Laufe der nächsten Zeit immer inniger und hatten nicht nur die Abberufung des Prinzen Korybut aus Böhmen zur Folge, sondern führten auch zu einem förmlichen Bündnisse, das am 30. März 1423 zu Käsmarkt zwischen dem deutschen Könige und den slavischen

---

[1]) Schreiben Albrechts an Jörg von Starhemberg dd. Wien 19. September 1422, zu einer Berathung bezüglich der Vorkehrungen zu einem Zuge „wider die Hussen" am 22. September in Wien zu erscheinen. Orig. Pap. im Schlossarchiv Riedegg.
[2]) Aus dem Schreiben Albrechts an den Starhemberger dd. 27. September 1422.
[3]) Bezold, K. Sigmund, I. 110 fft.
[4]) Am 27. September 1422 ersucht Albrecht von Wien aus Jörg von Starhemberg am früher anberaumten Tage, 4. November, nicht nach Waidhofen an der Thaya zu kommen, weil er (Albrecht) durch die Anwesenheit des K. Sigmunds in Wien an der Reise nach Waidhofen verhindert sei. Orig. Pap. im Schlossarchiv Riedegg.
[5]) Siehe das Itinerar Siegmunds bei Aschbach, III. Bd. Anhang. „Darnach nach Martini was khunig Sigmundt von Ungern 3¹/₂ wochen zu Wien in der purgkh, es was bey im ain legat, der patriarch von Fryaul, der bischoff von Gran, der bischoff von Passaw, bischoff von Salczburg, bischoff von Gurckh, bischoff von Seckhaw und 18 edlgraffen und auff 100 herren und ritter, die all goltt truegen, herczog Ernst von der Neustatt, herczog Fridrich sein bruder, laydt ritter, herczog Ludwig von Payrn, die khünigin von Ungern, die khünigin von Pössen und ain herczogin aus der Littaw." Kleine Kloster-Neuburgerchronik.

Fürsten abgeschlossen wurde. Demselben traten auch Friedrich der Streitbare von Meissen, welchen Siegmund nach dem Tode des letzten Askaniers Albrecht III., (1422), wenige Tage vorher mit dem Kurfürstentume Sachsen belehnt hatte, sowie der österreichische Herzog bei. Der Hauptzweck des Bundes von Käsmarkt war der Krieg gegen die Husiten. Beide Slavenfürsten gelobten bis zur Sonnenwende 1423 mit ihrer gesammten Streitmacht in Böhmen einzurücken, auch der neue Kurfürst von Sachsen gelobte um diese Zeit mit 2000 Spiessen im Felde zu erscheinen; Siegmund selbst wollte gleichfalls zum festgesetzten Termine mit einem zahlreichen ungarischen und schlesischen Heere aufbrechen, wobei ihn sein Schwiegersohn Albrecht mit den Österreichern unterstützen sollte, damit die Ketzer von drei Seiten zugleich angegriffen würden. Auch das deutsche Reich sollte sich am Zuge betheiligen, weshalb Siegmund an die einzelnen Reichsstände das Aufgebot erliess und sich zugleich an den Cardinallegaten Branda wendete, um das Kreuz predigen zu lassen.[1]) Dieser kam dem Wunsche des Königs, der auch den Absichten des Papstes entsprach, sofort nach und liess in Deutschland das Kreuz predigen. Auch in Österreich wurde dasselbe wieder gepredigt und mit diesem wichtigen Geschäfte von ihm die Äbte Nicolaus von den Schotten in Wien, Nicolaus von Melk, sowie der Dechant Peter Deckinger von St. Stephan in Wien betraut.[2]) Herzog Albrecht, welcher im December des Vorjahres die zwischen seinem Feldhauptmanne in Budweis, Leopold von Krayg, und Ulrich von Rosenberg ausgebrochene Fehde, in welcher sich dieselben gegenseitig ihre Güter verwüsteten, beizulegen gesucht hatte,[3]) brach

---

[1]) Am 8. April 1423 berichtet Siegmund von Leutschau aus dem Cardinal Branda, dass nach Wiederherstellung des Friedens mit Wladislaw von Polen und Witold von Littauen diese ihm die Stellung eines Hilfscorps versprochen, das einer der beiden Fürsten persönlich am nächsten Johannistag nach Böhmen führen werde. Auch der Kurfürst von Sachsen werde „cum duobus millibus lanceariis et totidem balistariis" um diese Zeit in Böhmen sein. „Paramus et nos exercitum de Hungaria, ad cuius cumulum magnifice ad agendum adiicimus duces Silesiae, fideles Bohemiae et Moraviae. Et non minus illustrem Albertum, ducem Austriae filium nostrum carissimum cum tota potencia sua monemus, ut nobis, ut praemittitur, dirigente nos dextra regis regum, virtutibus, erectis vexillis, haereticos Bohemiae conteramus... Id circo ad tale grande negotium fideliter consummandum et finem optatum salubriter deducendum, credimus fore congruum, immo penitus necessarium, nedum fidei honestatis intuitu, ut seipsa tota Almania reddat participem, non tanti laboris expertem, ne dici posset peregrinis procedentibus contra infideles ecclesiae in succursum, ubi est sacrum Romanorum imperium? ubi electores imperii... R. P. V. studiosius requirimus et rogamus, quatenus hoc grandi praefato negotio, nedum electores, verum totam Almaniam placeat commovere, inducere. ...." Martene, Thesaur. anecdot. II. 1713.

[2]) Hauswirth, Gesch. der Schottenabtei in Wien, 30.
[3]) Palacky, Urkundl. Beiträge I. 278, N. 253.

mit dem bei Eggenburg[1]) zusammen gekommenen Heere um die Sonnenwende nach Mähren auf,[2]) doch ob er daselbst den Bischof Johann den Eisernen von Olmütz unterstützte, welcher im Vereine mit dem Herzoge Primzko von Troppau und einigen wenigen katholisch gebliebenen Herren von Mähren gegen die Husiten kämpfte, und in der Mitte des Juli einen blutigen Kampf um den Besitz von Kremsier bestand, oder ob er, da weder sein Schwiegervater noch die Polenfürsten zum festgesetzten Termine in das Feld rückten, bevor Zisca seinen schwer bedrängten Glaubensbrüdern in Mähren zu Hilfe eilte, wieder den Rückweg antrat,[3]) lässt sich, da alle Quellen hierüber schweigen, nicht näher mehr bestimmen. Gewiss ist, dass der österreichische Herzog der einzige Fürst war, der im Jahre 1423, seinem Versprechen getreu, gegen die Husiten gezogen ist. Einem im Reiche weitverbreiteten und gläubig aufgenommenen Gerüchte zufolge soll der deutsche König selbst wie die schlesischen Fürsten, so auch seinen Schwiegersohn zurückgerufen haben.[4]) Wie dieses Gerücht zeigt, wurde die Schuld, dass der geplante Feldzug nicht zustande gekommen war, dem Könige zur Last gelegt. Lässt es sich auch nicht in Abrede stellen, dass Siegmund, der, wie gewöhnlich, gross im Reden, schwankend und unsicher aber im Handeln war, einen Grosstheil der Schuld sich selbst zuschreiben musste, da er den Termin des Aufbruches vom 24. Juni auf den 25. Juli, volle vier Wochen später, verlegt hatte,[5]) so fällt auch ein nicht minder grosser Theil auf die Polenfürsten, deren geringe Lust, sich mit ihren Stammesgenossen im blutigen Kriege herumzuschlagen, sie jene zweideutige Haltung einnehmen liess, die der deutsche König dann als Grund der schlechten Erfolge des Jahres 1423 angegeben hat.[6])

Wenn aber auch weder die Deutschen noch die Polen in diesem Jahre einen Feldzug unternommen hatten, so blieben doch die Husiten selbst nicht

---

[1]) Nach einem Schreiben des Herzogs dd. Wien, 27. April 1423 an Jörg von Starhemberg. Orig. Pap. im Archiv von Riedegg.

[2]) Am 8. Juni ist der Herzog noch in Wien; Lichnowsky, V. Reg. N. 2127.

[3]) Albrecht urkundet wieder am 4. August in Wien; Lichnowsky, V. Reg. N. 2133.

[4]) „Solus dux Albertus Viennae (quia) haeretici fideles sibi subiectos crudeliter persequebantur, contra perfidos Hussitas circa festum s. Johannis Baptistae cum potentia surrexit, sed quid gesserit dignum ad scribendum non bene potui experiri. Dicebatur enim eum revocatum fuisse per regem Sigismundum," schreibt Andreas von Regensburg, bei Höfler II. 438.

[5]) Als der Cardinallegat Branda, der sich im August persönlich zum Könige nach Ungarn begab, diese Verschiebung des Termines demselben vorhielt, entschuldigte sich Siegmund: „Terminum primum scilicet festum s. Johannis Baptistae fuisse suae voluntatis, terminum vero secundum, scilicet festum s. Jacobi eo non iubente nec renuente appositum fuisse." Andreas Ratisbonensis bei Höfler II. 437.

[6]) Grünhagen, Husitenkämpfe, 89.

ruhig. In Mähren hatte nach Albrechts Abzug der eiserne Bischof von Olmütz in Verbindung mit dem Herzoge von Troppau Kremsier wieder eingenommen.¹) Dieser und einige andere Erfolge der katholischen Partei bewogen Zisca, im Herbste selbst nach Mähren zu ziehen und König Siegmund dann in Ungarn heimzusuchen. Sein Marsch gieng vor Iglau, wo er von den Bürgern dieser Stadt angegriffen wurde, die er jedoch zurückschlug, vorüber nach Ungarn bis Tyrnau. Da aber die Ungarn stets zurückwichen, um ihn und seine Scharen tiefer in das Land zu locken, trat er bei dieser Stadt den Rückzug an. Ob Zisca auf demselben auch das österreichische Gebiet verheert habe, lässt sich mit Sicherheit nicht näher bestimmen, unrichtig aber ist die Nachricht, die Aeneas Sylvius erzählt, der husitische Heerführer sei über Pulkau und Stockerau bis Krems vorgedrungen.²)

Von der weittragendsten Bedeutung für die Stellung des österreichischen Herzogs in dem nachfolgenden Kampfe war es, als sein Schwiegervater am 4. October 1423 diesem seinen Schwiegersohne in der königlichen Burg zu Ofen nicht nur die Markgrafschaft Mähren abtrat, sondern ihn auch, im Falle mit Siegmund der Mannsstamm der Luxemburger erlöschen würde, als seinen Thronerben erklärte.³) Zu diesem bedeutungsvollen Schritte, dem längere Verhandlungen vorhergegangen waren,⁴) mögen den König wohl, abgesehen von der väterlichen Liebe zu seinem einzigen Kinde, Albrechts Gemahlin, auch die politische Lage, namentlich die zweideutige Haltung des Polenkönigs in der Husitenfrage, sowie die stets wachsende Spannung zwischen ihm und den deutschen Kurfürsten bewogen haben. Während ersterer durch seine Beziehungen zu den Husiten dem Verdachte, er conspirire mit ihnen gegen Siegmund, stets neue Nahrung zuführte,⁵) war die Misstimmung

---

¹) Chronicon veter. Collegiati Pragens. bei Höfler II. 86.
²) Historia Bohem. (Basler Ausgabe) cap. 44. Dieses Märchen, das Aeneas Sylvius selbst nur gerüchtweise erzählt, wurde schon von Kurz, Albrecht II. II. 60 zurückgewiesen. Nach Pessina, Mars Moraviae 493, soll ein Anführer der Husiten, Kromessin von Lundenburg aus einen Streifzug nach Österreich gemacht haben. Da Lundenburg aber um diese Zeit noch gar nicht in dem Besitz der Husiten war, sondern noch Hartnid von Liechtenstein als Besitzer erscheint, (Falke, Gesch. des Hauses Liechtenstein I. 444) gehört auch diese Erzählung zu den vielen Phantasien, an welchen Pessina so reich ist.
³) Lichnowsky, V. Reg. N. 2146–2149.
⁴) Dies erhellt aus dem Aufenthalte des österr. Herzogs bei seinem Schwiegervater auf der Blindenburg. Scriptores rerum Silesiacar. VI. 38, N. 53.
⁵) Als bei Gelegenheit der Audienz der deutschen Gesandten zu Ofen der Abgeordnete der Stadt Nürnberg den König Siegmund auf seine Betheuerung hin, wie sehr ihn die Ketzerei der Böhmen leid thue, aufforderte, ernstliche Schritte dagegen zu thun, und ihm sagte: „Ey gnediger herre, tue ewr gnaden noch das peste darzu," gab der König zur Antwort: „Wollte unser bruder, der konig zu Pollant, so möchte dise kezerige zu Beheim nicht so gross sein." Windeck (Menken 1177).

der Kurfürsten gegen das Reichsoberhaupt, als deren vorzüglichste Triebfeder der Markgraf von Brandenburg erscheint, diesem nicht unbekannt geblieben, weshalb er, um derselben ein Gegengewicht zu schaffen, und seinem Hause den Einfluss auf das deutsche Reich zu erhalten, seinen Schwiegersohn zu seinem Erben und Nachfolger erklärte. Dadurch wurde aber auch Albrechts Stellung zu den Husiten bedeutend geändert. Hatte er bis jetzt den Kampf gegen sie als christlicher und deutscher Fürst zumeist nur über Aufforderung des deutschen Königs, der freilich auch zugleich sein Schwiegervater war, geführt, so kämpfte er von da ab für sein eigenes Recht, für die Würde und Ehre seines Hauses. Die Husiten waren nicht mehr die rebellischen Unterthanen seines Schwiegervaters, sondern, besonders die in Mähren, seine eigenen, die sich zum revolutionären Kampfe gegen ihn, ihren rechtmässigen Fürsten, erhoben. Auch den Husiten war die weittragende Bedeutung dieses Actes nicht entgangen, und daraus erklärt sich vollkommen die furchtbare Feindschaft gegen den österreichischen Herzog, der sie durch so viele und so schreckliche Verheerungszüge einen nur zu blutigen Ausdruck gaben.[1]

Die von Polen eingeleiteten und von Siegmund öffentlich gut geheissenen Friedensbestrebungen waren Ursache, dass der Schluss des Jahres 1423, sowie die ersten Monate des nächsten ohne jedwede kriegerische Operation gegen die Husiten verliefen. Nicht das wenigste trug zu diesem Stillstande die fast anarchische Lage des deutschen Reiches bei, an der sowohl Siegmunds Unthätigkeit, als der Kurfürsten Treiben die Schuld trugen. Die letzteren schlossen sogar, angeblich zur Aufrechthaltung des Glaubens und zum Schutze des Reiches zu Bingen am 17. Jänner 1424 einen Bund, dessen Spitze gegen Siegmund gerichtet war, und dessen innerster Kern kein anderer war, als die Regierung des Reiches selbst in die Hand zu nehmen.[2] Auch der römische Stuhl stand dieser Haltung der deutschen Wahlfürsten nicht ferne, und wenn auch Papst Martin V. in einem Schreiben an Siegmund in bitteren Worten die allgemeine Lauheit als die Ursache der stets weiter um sich greifenden Häresie bezeichnet, so wusste doch Siegmund zwischen den Zeilen zu lesen und verstand es, dass die strengen Worte zunächst an seine Adresse gerichtet waren. Dem tiefen Unmuthe, der Siegmund ob dieser Haltung der Kurfürsten und des Papstes ergriffen hatte, gab er sowohl in seinem Briefe an den Polenkönig,[3] als auch durch

---

[1] Palacky, Gesch. v. Böhmen III. II. 345, sagt, dass durch die den Böhmen mit Albrecht drohende deutsche Herrschaft viele in Böhmen, die sonst mit Siegmund sich verglichen hätten, in die Opposition getrieben wurden.
[2] Droysen, Gesch. der preussischen Politik I. 464; Bezold, K. Sigmund II., 18 ff.
[3] „Litteras admodum invectivas et nos summe exritantes nobis direxerunt," schreibt Siegmund an Wladislaw. Palacky, Beiträge II. 333, N. 290. Bezold l. c. II. 20.

jene stürmische Scene unverhohlen Ausdruck, die er den Gesandten der deutschen Wahlfürsten, welche Ende April vor ihm zu Ofen erschienen waren, machte. Nachdem er diesen im Zorne zugerufen: „Hätten wir den Kurfürsten also hoch geschworen, als sie uns gethan haben, wir wollten wohl anders mit ihnen umgehen, denn sie mit uns thun," und ihnen erklärt hatte, dass die Hauptlast des Krieges wider die Husiten bis jetzt von ihm und den Ungarn wäre getragen worden, fügte er bei, dass er, obwohl mit den Türken und bosnischen Katharern beschäftigt, doch um die Sonnenwende mit seinem Schwiegersohne Albrecht ein Feld gegen die Ketzer zu machen und nach Eintritt der kälteren Jahreszeit den „täglichen Krieg" gegen sie einzurichten gedenke, „so lang und so ser alz wir ymmer mugen."[1]) Freilich blieb es auch diesesmal, wie so oft von Seite Siegmunds, nur bei den Worten; denn ausser einem strengen Verbote, jeden Verkehr mit den Husiten zu meiden[2]) und den schriftlichen und mündlichen Aufgeboten an die deutschen Fürsten und Städte, die spät erst erlassen wurden,[3]) erfahren wir seinerseits von Unternemungen gegen die Husiten nichts.

Der einzige deutsche Fürst, welcher auch in diesem Jahre wieder gegen die Husiten kämpfte, war der Herzog von Österreich. Nachdem derselbe zu Anfang des Februars von Mähren, wohin er über Znaim sich begeben hatte, förmlich Besitz ergriffen und von Brünn aus verschiedene Anordnungen getroffen hatte,[4]) war er im April einem Rufe seines Schwiegervaters nach Ofen gefolgt,[5]) von wo er, nach seinen Landen zurückgekehrt,

---

[1]) Bezold, K. Sigmund II. 29.

[2]) „Das nymand den ketzern zu Behem und anderswo kein furderung, hilffe und rate mit worten noch mit werken tun, noch in keinerley spise, trank oder ander notdurft reichen solle, es sey mit wein, prot, getreid, saltz, koufmanschaft, specereyen, gewurczen, harnasch, puchsen, pulver oder dheinen andern sachen, wie die benannt sein mochten, woran das were, tun solle in dheinen weg." verordnete das Concil von Siena und erklärte jedem, der dawider handeln würde, als einen wahren Ketzer, der den strengsten Kirchenstrafen verfallen wäre, welches Verbot Siegmund wiederholte. Script. rer. Silesic. VI. 42, N. 57.

[3]) Erst am 2. Juni gibt Siegmund den Regensburgern bekannt, dass er mit Herzog Albrecht, Markgraf von Mähren, „am sand Johannstag nechstkunftig mit der hilff gotes wider die keczer" ein Feld zu machen, und dann, „so wir das feld rawmen muessen von frost und ungewitter wegen, toglichen krig mit in zu treiben, so lang und so fer, alz wir ymmer mugen," beschlossen habe und fordert sie auf, sich zu rüsten und den Reichsfürsten sich anzuschliessen. Palacky, Beiträge I. 342, N. 296.

[4]) Palacky, Gesch. von Böhmen III. II. 353. Am 2. Februar war Albrecht in Znaim. (Verhandlungen des hist. Vereins für Nieder-Baiern XV. 72), am 4. in Brünn. Damals übergab er den Mitschutz des Spielberges den Bürgern von Brünn, den früher (1421—1423) Hartneid von Liechtenstein und nach ihm Watzlaw von Duben und Andreas von Lessen inne gehabt hatten. Falk. Gesch. des Hauses Liechtenstein I. 443.

[5]) Brief Siegmunds an Ulrich von Rosenberg dd. Ofen 14. April 1424. Archiv česky I. 18.

den getroffenen Abmachungen gemäss alle Anstalten zu dem vorhabenden Zuge machte. Um die nöthigen Summen zu erlangen, wurde wieder vom Clerus und den Städten ein Darlehen eingehoben, an die Edlen des Landes ergieng der Befehl, sich mit ihren Holden bereit zu machen, die Landwehre wurde aufgeboten, und zugleich wurden in Steiermark und Kärnten Söldner angeworben. Mit dem trefflich ausgerüsteten Heere, das unter seinen Kriegsgeräthen auch mehrere Feuerschlünde gehabt haben soll,[1]) brach Albrecht in Begleitung des päpstlichen Cardinallegaten Branda um die Mitte Juli von Laa, dem Sammelpunkte des Heeres, wohin auch das von Siegmund gesandte Hilfscorps, 4000 Mann stark, gekommen war, nach Mähren vor, um nach Olmütz zu gelangen. Auf dem Marsche wurden alle husitischen Ortschaften, welche Widerstand leisteten, verwüstet, die festen Plätze, wenn sie sich nicht wie Mährisch-Kromau, Eibenschitz u. a. ergaben, belagert und ihre Mauern gebrochen, alle aber, welche sich freiwillig unterwarfen, wieder zu Gnaden aufgenommen.[2]) Da eben damals der Zwiespalt zwischen den gemässigten und radicalen Husiten in heftigster Weise wieder zum Ausbruche gekommen war, so glaubte Albrecht die Lage benützen zu müssen, um vielleicht die Böhmen für seinen Schwiegervater und dadurch für den Frieden und die Union mit der Kirche gewinnen zu können. Er

---

[1]) Der freilich nicht zu grossen Glauben verdienende Bischof Pessina schreibt in seinem Mars Moraviae 483, dass das österr. Heer mit *„aliqui novorum armorum genere, non ita pridem in Germania invento, ferreis nempe fistulis, quas a sonitu, bombardas et sclopos vocamus"* ausgerüstet gewesen wäre.

[2]) „Anno 1424 vor Michaeli" (diese Zeitangabe kann nicht bestehen) „zog herczog Albrecht mit seinen rittern und khnechten und etlicher söllner von der Steiermark und mit allem volkh oberhalb und underhalb der Enns in das landt gehn Märchern und macht im das underthan und gewann stött und vesten und prach etlich ab bis in die erdt und verprennt auf 100 dörffer und schlueg ein steur an auff prelaten und stätt, dem brobst hie zu Neuburg 2000 fl., die stat Neuburgkh 2000 fl., die stat Cornewburgkh 2000 fl., die stat Wien 16.000 fl., Leis 2000 fl." Kleine Kloster-Neuburgerchronik 248, die aber sowohl die Zeit als auch das erste Aufgebot mit dem zweiten bunt durcheinander wirft. Nach Pessina hätten die aus Steiermark und Kärnten geworbenen Söldner 600 betragen. Andreas von Regensburg (Höfler II. 442) gibt die richtige Zeit an, wenn er schreibt: 1424 *„Solus Albertus dux Austriae gener praedicti Sigismundi Romanorum regis contra haereticos in Moravia circa festum Johannis Baptistae cum potentia surrexit."* Die Begleitung des Cardinals Branda erwähnt ausdrücklich die Continuat. Claustroneob. V. *„1424. Albertus dux Austriae congregavit magnum exercitum in Austria et in Moravia et rex Ungarie direxit sibi populum et iacuit per estatem cum potencia in Moravia et debellavit istos, qui non voluerunt sibi obedire in Moravia, similiter Hussitas, qui fuerunt in eadem provincia, scilicet Moravie. Et ipse recepit eos ad gratiam, ad preces unius cardinalis, qui fuit secum in campo et directus sanctissimo patre nostro papa Martino V., qui dedit crucem super infideles, qui pecit ducem Albertum Austrie, quod indulsit ipsis totum excessum."* Monum. Germ. SS. IX. 739.

liess deshalb den Baronen von Böhmen durch Ulrich von Rosenberg, an den er im Felde bei Otoslawiz ein Schreiben gerichtet hatte, in welchem er erklärte, dass er nach Mähren gekommen sei, um das Land zu befrieden, ein Gespräch zu Iglau antragen.[1]) Zwar erklärten sich einige Herren dazu bereit und ersuchten Albrecht, einen Tag zu bestimmen, aber die grösste Mehrzahl wollte davon nichts wissen, besonders als Siegmund erklärte, die Entscheidung betreffs der religiösen Streitfragen dem Legaten, betreffs der politischen aber dem verhassten Rosenberger, von dem die Husiten wegen seines Abfalles von ihrer Sache sagten, dass er doppelt hinke, und einigen anderen Herren anheimstellen zu wollen.[2]) Von Otoslawiz drang Albrecht nach Olmütz vor, traf mehrere Anordnungen behufs der Verwaltung Mährens und bot von da aus, weil er seine Macht durch Besetzung der festen Plätze geschwächt hatte, die hervorragendsten österreichischen Edlen zu neuem Zuzuge auf,[3]) wies aber ein polnisches Corps in der Stärke von 5000 Mann, das König Wladislaw gemäss der bei Gelegenheit seiner Vermählung mit der Witwe des Königs Wenzel von Böhmen mit Siegmund getroffenen Übereinkunft dem Herzoge zu Hilfe sandte, unbedingt zurück.[4]) Diese Zurückweisung erfährt von den Geschichtsschreibern zumeist herben Tadel, da Wladislaw, wie es scheint, damals in der That von dem aufrichtigsten Wunsche getragen wurde, dem Husitismus ein Ende zu machen; man übersieht jedoch stets dabei, dass Albrecht alle Ursache hatte, den Polen zu misstrauen; denn gerade zu der Zeit, als das Hilfscorps von Krakau aufgebrochen war, hatte sich Prinz Korybut, der Neffe des Königs Wladislaw, wieder auf den Weg nach Böhmen gemacht und hatte von dort aus, nachdem er sich zum erwählten König von Böhmen und Markgrafen von Mähren erklärt hatte und zum Husitismus übergetreten war, an Siegmund und Albrecht Fehdebriefe erlassen.[5]) Obwohl Wladislaw das Unternehmen seines Neffen aufs schärfste tadelte, seine Güter confiscieren liess und alle Gemeinschaft mit ihm ablehnte,[6]) so erhob sich doch allgemein

---

[1]) dd. 26. Juli. Im Felde bei Otoslawiz. Palacky, Beiträge II. 506. Anhang N. 16—18.
[2]) Archiv česky I. 18.
[3]) Am 20. August stellt Albrecht zu Olmütz dem Grafen Johann von Schaunberg einen Schadlosbrief für ihn und seine Söldner aus (Orig. Perg. im Archiv von Efferding), desgleichen für Reinprecht von Walsee (Kurz, Albrecht II. II. 194), für Jörg von Starhemberg, Rudolf von Tiernstein u. a. (Orig. in den Archiven von Riedegg, Landesarchiv von N. Ö.).
[4]) Dlugoss, Histor. Polon.
[5]) Um die Mitte Juli 1424. Palacky, Beiträge I. 356, N. 304.
[6]) In seinem Brief an den Herzog Boguslaw IX. von Pommern-Stolp (zwischen dem 18.—24. Juni erlassen), bei Caro, Liber cancellariae Stanislai Ciolek im 45. Bd. es Archivs für österr. Gesch. 350.

und zwar stärker als zuvor der Verdacht über seine heimliche husitische Gesinnung.¹) Dass auch Albrecht deshalb dem Polenkönige misstraute, kann ihm um so weniger übel genommen werden, als ihm derselbe hiezu genügend Anlass geboten und ihn im Vorjahre allein gegen die Husiten hatte kriegen lassen.

Gegen Ende September²) kehrte der Herzog, nachdem er den Befehl über die österreichischen Streitkräfte in Mähren dem Grafen Johann von Schaunberg übergeben hatte,³) nach seinen Landen zurück, um die von Mähren aus noch ausgeschriebenen neuen Rüstungen selbst zu betreiben. Der Grund dieses neuen Aufgebotes der ganzen waffenfähigen Mannschaft von Österreich war die Kunde, dass die Husiten, welche ihre Einheit wieder zusammengeflickt hatten, unter Führung Ziscas, Korybuts, des nachmals so bekannt gewordenen Procop Holy und anderer Heerführer sich gegen Mähren in Bewegung setzen wollten, welchen Entschluss sie auch zu Beginn des Octobers ausführten. Obwohl der grösste Feldherr der Husiten, Zisca, auf diesem Zuge nahe der mährischen Grenze bei Přibislau am eilften October gestorben war, liessen sich doch die übrigen Heerführer von der Fortsetzung des Zuges nicht abhalten, vereinigten ihre getrennt marschierenden Scharen bei Gross-Meseritsch, nahmen das Kloster Trebitsch, erstürmten die von den Österreichern besetzt gehaltene Stadt Eibenschitz, wandten sich dann nördlich und eroberten die Burgen und Städte Boskowitsch, Letowitsch und Müglitz, zogen aber, nachdem sie überall mit furchtbarer Grausamkeit gewüthet hatten, ohne Albrechts Anrücken zu erwarten, nach Böhmen zurück.⁴) Dieser brach um die Mitte October mit der gesammten öster-

---

¹) Grünhagen (Husitenkämpfe der Schlesier, 89) nimmt mit Recht diesen Verdacht als die Ursache der Zurückweisung an.
²) Albrecht ist am 11. October schon in Wien. Lichnowsky V., Reg. N. 2229.
³) Dies geht aus dem oben erwähnten Schadlosbrief Albrechts für den Schaunberger hervor (dd. 20. Aug. 1424). „Jetz unser hauptman uns zu dienst in die rays her gen Mähren." In dem Reverse für den Walseer verpflichtet sich Albrecht, diesem allen Schaden zu ersetzen, den er etwa in Folge des Auftrages des Schaunbergers, „yetz unser haubtman im Merhern" nemen würde.
⁴) „Eodem etiam anno post festum s. Wenceslai Zizka, Pragenses cum superius notato duce Sigismundo Lythwaniae .... Moraviam intravit et ... circumvallaverunt castrum Przibislaw et ibidem mortuus est Zizka — Et praefatus dux cum Pragensibus et cum Zizkonis exercitu campestri, qui dicti Syrothones et fuerunt commissi Sokoloni, profecti ulterius Moraviam, cum supradicto domino Divissio apud civitatem Mezrzycz simul convenerunt, et ulterius abinde ad Evanczicz profecti sunt et eam per impetum (ceperunt) et multos captivos abduxerunt. Postea castra Boskowicz, Letowicz per impetum lucrati sunt et civitatem Mohylnicze et omnes in eisdem masculini sexus morti et incendiis tradiderunt. Et abinde reversi sunt Boemiam ...." Chronicon vet. Collegiati Pragens. Höfler I. 87, cf. Chronicon Trebonicense, Höfler I. 52.

reichischen Landwehre, von der jedoch wegen des frühzeitig eingetretenen starken Frostes viele Mitglieder Reissaus genommen hatten, über welche dann ein strenges Gericht ergieng, und wieder unterstützt von einem ungarischen Hilfscorps, von Laa aus in Mähren ein und zog unter grossen Verwüstungen über Brünn und Olmütz gegen Hohenstadt, welche Stadt, an der böhmischen Grenze gelegen, er belagerte.¹) Obwohl dieselbe, durch Hunger und Kälte genöthigt, endlich capitulieren musste, so hielt dies doch die Sieger nicht ab, an den Einwohnern eine schauerliche Rache zu nehmen für die furchtbaren Verheerungen der Husiten.²) Waren Verwüstungen und Grausamkeit in der damaligen Zeit die steten Begleiterinnen eines jeden Kriegszuges, so dürfte doch der Umstand, dass Albrecht damals durch die husitisch gesinnten Mährer förmlich zur Rache herausgefordert wurde, die bei der Einnahme von Hohenstadt verübten blutigen Unthaten zwar nicht beschönigen, wohl aber entschuldigen; denn abgesehen davon, dass ein Grosstheil an diesen Morden und Verheerungen auf Rechnung der Ungarn zu setzen ist, so musste der österreichische Herzog die bittere Erfahrung machen, dass viele von jenen, welchen er auf seinem Sommerfeldzuge in Mähren Verzeihung und Gnade gewährt hatte, sich wieder an die Husiten angeschlossen hatten und im Vereine mit ihnen plünderten, brannten und mordeten,³)

---

¹) Diese Marschroute Albrechts ergibt sich aus den Aufzeichnungen der Ausgaben der Wiener zu diesem Zuge: „So pringt die zerung der anderen raizz, dy der purgermaister und andere meine herren getan habent gen Brünn, gen Olmüz für die Hochstät . . . 209 Pfund." Schlager, Wiener-Skizzen I. 92.

²) „Und da er in dem velt lag ain viertl iar, da schuef er zu khumen reych und armb aus allen stötten und märkhten auss dem land zu Oesterreich, die hueben sich all auff gen Laa, da muessten sie wartten, wan er sorg hat auff die Hussen, herczog Sigmund (Korybut) zu Prag und der Zischkho wuerden in auss dem velt schlagen. Item weiter in diesem jar zehant nach dem lesen in die Severini muessten all edl und unedl all mannigkhlich in stötten und dörffern und markhten, reich und arm, ob und niederhalb der Enns zu dem fünfftenmal in die herfart gen Mährern wider die Hussen; nun wardt es gar khalt und schneybet vast umb Martini, da lueffen vill der armen hawer und pauern wider haimb an urlaub von dem herrn, die hiess der herczog all fahen uberall im landt hinczts auff sein zueckhunfft. . . . . Darnach zog der herczog für die Hochstat mit ganczem heer, die litten gross hunger und frost und vil mue und arbaydt, die stat was einer wittiben, die ergab sich willig, da erschlueg man alles was darinnen war, das man nuer ergreiffen möcht. Er zog wider aus der ruyss an s. Andreas tag, etlich vor, etlich hernach." Kleine Kloster-Neuburgerchronik 248. Über die Hilfe der Ungarn berichtet die Continuat. Claustroneob. V. ad ann. 1424. „Tunc Albertus dux iterum congregavit magnum populum in Austria, fere centum milia hominum et venit cum istis ad Moraviam, et combussit et devastavit et interfecit et expulsit omnes istos de Moravia, scilicet Hussiones. Et iterum Ungari venerunt sibi in adiutorium, et quidquid istis remansit, hoc ipsi totum devastaverunt."

³) „Et postquam (Albertus) licenciavit populum, tunc Hussite de Bohemia congregaverunt se simul et venerunt ad Morariam. Tunc aliqui isti, qui prius

ja selbst, um dem Herzoge den grössten Schaden zu bereiten, zur Münzfälschung ihre Zuflucht nahmen.¹)

Während Albrecht in Mähren kriegte, hatte die Spannung zwischen dem Oberhaupte und den Kurfürsten des deutschen Reiches nicht nur nicht nachgelassen, sondern sich, nachdem in Folge des Tages von Lahnstein und der allgemeinen Versammlung der Kurfürsten zu Mainz (7. Juli 1424) diese sich weigerten, in Wien, wohin sie Siegmund behufs einer persönlichen Zusammenkunft geladen hatte, zu erscheinen, bedeutend erhöht. Der König schrieb deshalb einen allgemeinen Reichstag für den 25. November nach Wien aus, der jedoch von den Kurfürsten gar nicht, von den Fürsten wenig, dagegen von den Städten zahlreich besucht ward. Auf demselben erklärte Siegmund, der selbst sehr spät erst in Wien angekommen war, dass er mit seinem Schwiegersohne einen Kriegszug, sowie den täglichen Krieg gegen die Husiten im Sommer des Jahres 1425 führen wolle,²) und forderte die Städte zur Theilnahme auf. Siegmunds eigentliche Absicht jedoch, die Städte und Ritterschaft gegen die Kurfürsten auszuspielen, scheiterte zwar an dem Widerstreben der ersteren, aber auch die Einung der letzteren, die nur „territoriale Politik" in der rohesten und kleinlichsten Weise trieben, war nicht von langer Dauer und zerfiel, als die Seele ihres Bundes, der Markgraf von Brandenburg, ihre Hilfe gegen eine ihm drohende Coalition Siegmunds, der Polen und Ostseestaaten anrief. Dem Brandenburger, in dessen Gebiet die Herzoge von Stettin und ihre pommerischen Vettern eingefallen waren, gewährte keiner der Kurfürsten Unterstützung, ja dieselben liessen dem Könige eröffnen, dass sie bereit wären, zu ihm zu kommen, und der neue Kurfürst von Sachsen erkaufte sich seine Belehnung durch ein Schutz- und Trutzbündnis mit Siegmund und Albrecht gegen jedermann. Das Oberhaupt des Reiches gieng auf das Anerbieten der Kurfürsten ein und lud sie nach Wien ein, überliess aber ihnen die Bestimmung des Termines.³)

---

dederunt se ad gratiam, apostitaverunt et iuverunt istis, et devastaverunt civitates, villas et monasteria."
¹) Palacky, Gesch. v. Böhm. III. II. 199.
²) Siegmund gibt dem Rathe von Mainz bekannt, dass auf dem Reichstage von Wien nicht die Kurfürsten, wohl aber viele andere Reichsfürsten und Städte erschienen wären und ihm Hilfe gegen die Ketzer zugesagt hätten. „Vnd wir haben also mit dem hochgeporn Albrecht herzog von Osterrich vnd Markgraffe zu Merhern und denselben fursten, herren und steten beschlossen, das wir der christenhait zu trost disen gancxen sumer und teglichen krieg und furpass allezeit, wan es zeit ist, das feld halten und furen wollen, also wir das mit sampt unsern sün den ganczen vorgangen sumer getan hetten und wir teglich tun." Palacky, Beiträge I. 371, N. 320.
³) Bezold, K. Sigmund II. 55 ff.

Nach dem Abzuge des österreichischen Herzogs aus Mähren, am 30. November 1424, begannen die mährischen Husiten sich zu sammeln und nahmen den Kampf gegen die Katholiken und Anhänger Albrechts daselbst wieder auf. Gegen Ende Jänner 1425 war es ihnen gelungen, sich der Olmütz nahe gelegenen Karthause St. Maria im Thale Josaphat zu Dolein, deren Prior Stephan sich schon auf dem Kostnitzer-Concile und späterhin als einer der eifrigsten Bekämpfer der husitischen Lehren bewährt hatte,[1]) zu bemächtigen.[2]) Die Gefahr einer Belagerung von Olmütz durch die Husiten war dadurch eine sehr drohende geworden, besonders als dieselben sich anschickten, das Kloster Hradisch zu belagern, um sich dadurch einen neuen Stützpunkt zu schaffen, von dem aus sie Olmütz noch stärker bedrohen und demselben die Zufuhr abschneiden könnten.[3]) Die Bürger dieser Stadt, welche bisher ihr Heim mannhaft vertheidigt hatten, wandten sich deshalb um Hilfe an Albrecht, den Herzog Przimko von Troppau, den Bischof Johann von Olmütz, Leopold von Krayg u. a.[4]) Der Herzog von Troppau führte zwar seine Scharen in das Land,[5]) doch kam es, obwohl der Landeshauptmann von Mähren, Peter von Krawarz, Truppen sammelte, zu keinem grösseren Kampfe; vielmehr wurde zwischen den mährischen Husiten und den katholischen Herren, sowie dem Herzoge von Troppau (nach der Mitte März) ein Vergleich geschlossen, in welchem festgesetzt ward, dass, wie die mährischen Husiten an Seite der böhmischen, im Falle diese unter Korybut ihnen zu Hilfe kommen würden, kämpfen könnten, ohne den Vergleich zu brechen, dies auch dem Herzog Przimko und den katholischen Herren von Mähren frei stünde, wenn König Sigmund heranziehen würde. Im Falle jedoch Herzog Albrecht mit seiner Macht in das Land rücke, sollten der Troppauer, wie die katholischen Herren denselben mit ihrer Macht nicht unterstützen, „sunder zusehen und stil ligen".[6]) Diesem Abkommen

---

[1]) Wolny, Topographie von Mähren V. Bd. 95, der jedoch hinsichtlich des Jahres der ersten Einnahme von Dolein irrt.
[2]) Am 7. Februar 1425 bittet der Rath von Olmütz Leopold von Krayg und Jost von Rosiz dahin zu wirken, dass das Kloster Dolan den Husiten wieder entrissen würde. Palacky, Beiträge I. 375, N. 322.
[3]) Schreiben der Olmützer an Herzog Albrecht zu Anfang Februar; Palacky, Beiträge I. 372, N. 321.
[4]) Palacky, Beiträge I. N. 321—325, 327, 329, 330, 334—338, 346—348.
[5]) Dies geht hervor aus dem unten erwähnten Schreiben der Olmützer an Albrecht dd. 23. März.
[6]) Die Olmützer berichten dd. 23. März duci Alberto über diesen Tag: „und do ist under andern dingen nemlichen von beiden theilen nusgetrugen und gelobet, wer sache, das der herczog Sigmund von Prewssen (Korybut), die Prager oder ander macht us Behem herab in das land kemen, so mechten Peter Holy, Puchala und ire helffer (Husiten) mit den us Behem wol ymme velde liegon und denoch solt sulicher ufge-

zufolge, das die Bürger von Olmütz dem Herzoge von Österreich berichteten, darf es uns wohl nicht wundernehmen, dass auch das vom Reichstage zu Wien schon für den 23. April zu Brünn festgesetzte Ausgleichsgespräch zwischen Albrecht und den böhmischen Utraquisten nur die Zahl der fruchtlosen Zusammenkünfte gemehrt hat, und dass der österreichische Herzog, der zu Beginn des Aprils deshalb sich nach Mähren begeben hatte,[1]) den Zug dahin wieder umsonst unternommen hat.[2])

In Böhmen war nach Ziscas Tode unter seinen Anhängern selbst eine bedeutende Spaltung eingetreten und hatten sich dieselben in eine gemässigte (Taboriten mit Procop Holy an der Spitze) und eine extreme Partei getheilt, welch letztere sich durch das Hinscheiden ihres grossen Führers als „Waisen" fühlte und daher sich auch so nannte. Als Führer dieser Partei, der eigentlichen Krieger Ziscas, die sich auch Orebiten hiessen, stand Procop der Kleine. Anfänglich schien es zwar, als ob diese beiden Parteien sich gegenseitig heftig bekämpfen würden, doch bald ihr gleiches Interesse ins Auge fassend, wandten sie sich vereint gegen die Utraquisten und Königlichen, deren Gebiet sie in gewohnter Weise auf das furchtbarste verheerten. Nachdem sie eine Reihe von Städten und Burgen in Böhmen erobert und in denselben schlimmer als die Vandalen gehaust, auch einen Einfall in Baiern gemacht hatten, kam es zwischen ihnen und den Pragern am 18. October zu einem Vertrage, demgemäss der Bürgerkrieg in Böhmen durch ein Jahr ruhen, die Waffen aber dagegen nach Mähren und Österreich getragen werden sollten.[3]) Die Ursache dieser Waffenruhe, als deren Hauptbeförderer wohl Prinz Korybut angesehen werden muss, war der Kriegszug, welchen Siegmund und Albrecht um diese Zeit nach Mähren unternommen hatten. Dem letzteren, welcher als dritter dem am 25. Juli zu Waitzen geschlossenen Schutz- und Trutzbündnisse seines Schwiegervaters mit dem neuen Kurfürsten von Sachsen beigetreten war und vor seiner Abreise den Schutz von Österreich, weil ein Einbruch der Husiten zu befürchten stand, dem Grafen Johann von Maidburg-Hardegg

---

nomener frid stet sten und gehalden werden, kwem awer unsers herren des Bemischen, Ungrischen etc. kunigs Sigmunds macht in das land, so mochten herczog Przemko und seine miteindinger auch mit sulicher macht czu felde ligen und der frid solt auch dennoch besten, sunder kwem ewer genade (Albrecht) macht yn das lande, so sol herczog Przemko, Janke von Ticzein, Gürnik von der Lukaw etc. ewern gnaden nicht helfen, sunder zuschen und stil ligen." Script. rer. Silesic. VI. 44, N. 60. Über die andern Pläne, welche diese „katholischen" Herren gegen die Städte, das Kirchengut etc. noch hegten, siehe die Fortsetzung dieses interessanten Schreibens.

[1]) Albrecht ist am 19. April in Brünn. Lichnowsky, V., Reg. N. 2300.
[2]) Palacky, Gesch. v. Böhmen III. II. 389.
[3]) Palacky, l. c. III. II. 394.

und Otto von Meissau mit dem Befehle, das Aufgebot ergehen zu lassen, anvertraut hatte,¹) war es endlich gelungen, zu bewirken, dass Siegmund persönlich an dem Zuge nach Mähren sich betheilige.

Nachdem das österreichische Aufgebot zu Laa sich versammelt hatte, brach er nach dem 3. October²) über Znaym gegen das von den Husiten besetzte Kloster Trebisch auf und begann, nachdem er sich mit Siegmund und dessen Heer bei Daleschiz vereinigt hatte,³) die Belagerung desselben. Dem zu Ofen festgesetzten Plane gemäss sollten die Schlesier unter Führung des kriegskundigen Bischofs Konrad von Breslau, eines der eifrigsten Gegner der Husiten, eine Diversion in Böhmen machen, um den Zuzug der husitischen Scharen dieses Landes zu hindern,⁴) während Ulrich von Rosenberg, welcher durch einen im Mai dieses Jahres unternommenen Raub- und Verheerungszug taboritischer Scharen an seinen Gütern, namentlich bei Gratzen, grossen Schaden genommen hatte,⁵) mit Niklas von Lobcowiz und anderen königlich Gesinnten den zum Entsatze heranziehenden Feinden in den Rücken fallen sollte.⁶) Die Belagerung des Klosters Trebisch hatte jedoch nicht den gewünschten Erfolg, besonders da Siegmund früh wieder abzog⁷) und dadurch seinen Schwiegersohn, welcher allein sich den unter Korybut heranziehenden Scharen nicht stark genug fühlte, nöthigte ein Gleiches zu thun.⁸) Siegmund war von Trebisch in nordöstlicher Rich-

---

¹) Am 11. Juni 1425 befiehlt Otto von Meissau den Städten Krems und Stein 80 wohlbewaffnete Leute unverzüglich nach Zwetl zu schicken, da ihm von Neuhaus und anderen Orten die Kunde zugekommen wäre, dass die Hussen grosse Sammlungen und vieles Volk zu einem Zuge nach Österreich zusammengebracht hätten. Der Herr von Maidburg und er hätten, da der Herzog in Ungarn abwesend sei, den Auftrag erhalten, das Land zu schützen und ein allgemeines Aufgebot in Städten, Märkten und Dörfern zum Schutze des bedrohten Landes und der herzoglichen Schlösser ergehen zu lassen. Die 80 Mann sollten unverzüglich aufbrechen, bei Tag und Nacht reisen, 14 Tage in Zwetl bleiben und dessen Hauptmann Friedrich dem Fritzendorfer gehorsam sein. Orig. im Stadtarchiv zu Krems; Kurz, Albrecht II. Anhang N. 4. Dass Albrecht um diese Zeit (Juni) zu rüsten beschlossen hatte, erhellt aus seiner Aufforderung dd. Brünn 20. April an die Freistädter, den Rest des ihnen auferlegten Darlehens bis Pfingsten zu erlegen. (Orig. Pap. Archiv von Freistadt.)

²) An diesem Tage ist Albrecht noch in Laa. Lichnowsky, V. Reg. N. 2345.

³) Am 9. October schreibt Siegmund von Pohrlitz aus an Ulrich von Rosenberg. Archiv česky I. 21.

⁴) Grünhagen, Husitenkämpfe 95.

⁵) Urkundenbuch von Guldenkron 416.

⁶) Archiv česky I. 21 fft.

⁷) Nach dem Itinerar bei Aschbach, Gesch. K. Siegmunds, ist er am 29. October im Felde bei Drasow.

⁸) „Anno domini mccccxxv circa festum omnium sanctorum (1. November) monasterium in Moravia Trebnitz vocitatum et ab ipsis haereticis occupatum, unde infinita mala christicolis et praesertim sacerdotibus inferebantur, ab Alberto duce Austriae et Sigismundo Romanorum rege obsidetur. Sigismundus rex ab exercitu se

tung abgezogen und Albrecht nahm seinen Marsch gegen Brünn. Während aber beide einen Verheerungskrieg gegen ihre Gegner in Mähren, namentlich gegen die Besitzungen des Landeshauptmann Peter von Krawarsch, den sie des Verrathes beschuldigten,[1]) begannen, waren zahlreiche Scharen der Taboriten und „Waisen" über Kamenitz in Mähren eingebrochen und stellten ihre Verbindung mit den Utraquisten, welche unter des Prinzen Korybut Anführung vor Iglau sich gelagert und dadurch die Aufhebung der Belagerung des Klosters Trebisch bewirkt hatten, bei Mährisch-Budweis her. Von da zog das vereinigte Heer südlich, erstürmte am 12. November das Kloster Bruck bei Znaim, ermordete einige Chorherren und liess das Stift selbst in Flammen aufgehen.[2]) Ohne irgendwie aufgehalten zu werden, brachen sie über die österreichische Grenze vor und begannen die dem Grafen Johann III. von Maidburg-Hardegg gehörige Burg und Stadt Retz zu belagern. Während der grösste Theil des husitischen Heeres unter Leitung Bohuslaws von Schwammberg die Stadt umschloss, machte ein kleinerer Theil Raubzüge in die Umgebung, drang bis Pulkau vor und zerstörte mehr als dreissig Ortschaften. Der hartnäckige Widerstand, den die Besatzung und Bürgerschaft von Retz leisteten, namentlich aber die tödliche Verwundung Bohuslaws von Schwammberg durch einen Pfeilschuss entflammte die Wuth der Belagerer auf das höchste, und da alle Stürme von den Vertheidigern mannhaft abgeschlagen wurden, so begannen sie die Mauern zu untergraben. Als dieselben in der Nacht, die dem Katharinenfeste folgte, einstürzten, ergossen sich die wüthenden Scharen in die Stadt, tödteten einen Grosstheil der Vertheidiger — über 1000 Mann, — warfen den Senior des Dominicanerklosters in einen Brunnen und führten den Grafen von Maidburg und viele Bürger mit Weibern und Kindern in die Gefangenschaft ab; die Stadt selbst ward, nachdem sie ausgeplündert worden war, den Flammen übergeben und zerstört.[3]) Graf Johann von Maidburg-Hardegg

---

abscondit. *Dux Albertus ab obsidione sine gloria recedit et multa damna christicolis sicut ego audivi disponente Sigismundo rege supra memorato per combustionem multarum villarum prope Brunnam civitatem Moraviae inferuntur.*" Andreas Ratisbon. Höfler II. 443.

[1]) „*Multas villas et oppida igne combusserunt ac depopulati sunt, plurimos homines incolas terrae Moraviae occidentes et praesertim destructioni bonorum domini Petri de Kramar alias de Straznic intendebant*," Palacky nach einer Continuat. Pulkawae MS., Geschichte von Böhmen III II. 397.

[2]) „*Eodem anno dux Sigismundus* (Korybut) *cum Pragensibus et ambobus exercitibus, puta Thaboritis et Syrotkonibus* (Waisen) *et cum multis baronibus Boemiae et Moraviae intraverunt Austriam, primum devastantes claustrum prope Znoymam, dictum Lauka* (Bruck)." Chronicon vet. Collegiati Pragensis, Höfler I. 88.

[3]) „Anno 1425 an s. Catharina tag haben die Hussen die Däbrer (Taboriten), die Weysen, die Präger und ihr landtherren gewunnen die stat Recz und gruben sie ab,

wurde nach Prag gebracht, wo er nach zwei Jahren in der Gefangenschaft starb.[1])

Warum Herzog Albrecht, welcher doch, wie der gewöhnlich gut unterrichtete Andreas Ratisbonensis erzählt, damals sein Heer beisammen hatte,[2]) damit den Verwüstungen der Husiten keinen Abbruch gethan und Retz nicht zu entsetzen versucht hat, lässt sich, da alle urkundlichen Nachrichten mangeln, nicht näher mehr angeben; aller Wahrscheinlichkeit nach ward Albrecht durch ein anderes Corps der Husiten, welches gerade zu dieser Zeit wieder Olmütz, Kremsier und andere feste Plätze bedrohte,[3]) in Mähren festgehalten. Zurückgekehrt nach seinem Erblande[4]) begann er sofort alle Anstalten zu treffen, um einem, wie ihm durch Kundschafter berichtet

---

dan sie die stat mit dem sturmen nicht möchten gewinnen, der feindt waren mer den hundert tausent nach guetter schaczung. sie fingen graff Heinrichen (sic) von Maydlburg und woll 6000 man edl und bauren in dem hauss zu Recz, und fierten sie gefangen gehn Prag und hetten in der statt mer dann 6000 man erschlagen und pranten die stat aus, und die häuser und zerstörten mer den 30 khirchen und Pulca verwuestens gar mit dem prant und raub, und thöteten aber niemandt." Kleine Kloster-Neuburgerchronik, 248. Das Datum der Zerstörung von Klosterbruck gibt das Nekrologium der Dominicaner in Retz bei Duellius, Miscellan. II. 174; die Dauer der Belagerung von Retz durch 14 Tage hat das Chronicon Bartossii bei Dobner, Monum. Histor. Boemiae I. 150, den Tag der Einnahme nennen ausser der obenangeführten kleinen Kloster-Neuburgerchronik noch die Annales Mellicenses bei Pertz, Mon. Germ. SS. IX. 517. Ebendorfer in seinem Chronicon Austriacum bei Pez II. 852 lässt die Husiten zuerst die Güter Leopolds von Krayg bei Dobersberg verwüsten und sie gegen Zwetl ziehen, wie Aeneas Silvius, Hist. Bohem. cap. 47, was jedoch eine Verwechslung mit dem Zuge Ende des nächsten Jahres ist. Ob die Husiten damals bis Krems vorgedrungen sind, wie spätere Schriftsteller behaupten, ist sehr unwahrscheinlich; Herzog Albrecht erwähnt in seinem Einberufungsschreiben an die Kremser zum Landtage nichts davon; die als Beweis dafür angeführte Zerstörung des Klosters Imbach (Wendenthal, Österr. Klerisei VIII. 37) gehört einem späteren Einfalle an.

[1]) „Ipso etiam anno (1425) *Thaborite venerunt prope Pragam ad villam Wrssowicz et post eandem castra metati sunt. Ibidemque in festo sancti Luce feria quinta Pragensibus sunt reconciliati — et post hanc reconciliationem princeps Sigismundus (Korybut) cum Pragensibus et eisdem reconciliatis equitaverunt Moraviam et Austriam et expugnaverunt (in) Moravia civitatem Retcze, de qua adduxerunt comitem incrassatum nomine . . . . ., qui Pragae servatus post duos annos fere in castro sancti Wenceslai in captivitate est defunctus. Circa impetum eiusdem civitatis Retcze dominus Bohuslaus Swamberg capitaneus Thaboritarum, successor Zyzkonis cum sagitta de muro letaliter vulneratus interiit."* Chronicon Trebonienese, Höfler I. 55. Graf Johanns Sohn, Michael, soll bei der Eroberung von Retz in einem Fasse nach der Burg Hardegg gerettet worden sein, erzählt eine Handschrift des XVI. Jahrhunderts Codex Manusc. N. 189 im k. k. Staatsarchiv.

[2]) „*Albertus, dux Austriae tunc temporis vallatum exercitum habuit, sed Christi fidelibus nullum auxilium ministravit.*" Höfler II., 444.

[3]) Einen Beleg hiefür bieten die Hilferufe der Olmützer an Herzog Albrecht. Palacky, Beiträge I. N. 359—362, 364, 370.

[4]) Im December war Albrecht wieder in Wien; Lichnowsky V., Reg. N. 2077.

worden war, neuerdings geplanten Raubzuge dieses so furchtbaren Feindes
nach Österreich mit aller Macht entgegentreten zu können. Die deshalb
am 13. Jänner 1426 zu Wien zusammengetretenen Stände beschlossen,
„daz sich yedermann, geistleich und weltleich, edel und unedel angreifen
sol mit ainer summ volkhs oder gelt, damit man des land gerettn und
den veinden widersteen müg."[1]) Doch die Husiten warteten nicht, bis
die Österreicher mit ihren Rüstungen, welche den feudalen Einrichtungen dieser Zeit gemäss wie in den anderen deutschen, so auch in unseren Landen mit grosser Langsamkeit vor sich giengen,[2]) an der auch
noch andere Ursachen, namentlich der nicht gar grosse Eifer der Landherren selbst, nicht wenig Schuld trugen, fertig geworden waren, sondern
brachen nach Beginn des Monats März in Mähren ein, bemächtigten sich
mit Hilfe ihrer Glaubensgenossen der Stadt Kostel, in welcher sie alles
niedermachten, verbrannten Nikolsburg und drangen über die österreichische
Grenze unter furchtbaren Verheerungen bis zur Donau in die Nähe von
Stockerau vor. Auf dem Rückwege, den sie nach dreiwöchentlichen furchtbaren Verwüstungen auf die Nachricht hin antraten, dass Siegmund und
Albrecht mit ihren Heeren gegen sie heranrückten, liessen sie Feldsberg
in Flammen aufgehen und bemächtigten sich durch Verrath der wichtigen
Festung an der österreichisch-mährischen Grenze, Lundenburg, welche
wie Nikolsburg und Feldsberg dem österreichischen Edlen Hartnid von
Liechtenstein zu eigen war.[3])

---

[1]) Einberufungsschreiben des Herzogs an die Kremser zum Landtage, dd. Wien,
23. December 1425, bei Kurz, Albrecht II. Anhang, 368 N. 5.

[2]) So musste Wien bis zum 24. Februar 200 Reiter nach Laa, Linz gar erst am
10. März 20 Reiter nach Eggenburg stellen. Kurz, Militärverfassung, Anhang VI.

[3]) Continuat. Claustroneob. V. *„1426 Hussite de Bohemia et de Praga et aliqui
domini de Moravia, qui fuerunt Hussite, congregaverunt magnum populum et venerunt ante unam civitatem in Moravia, que nuncupata est Gostell et expugnaverunt
eam et multos homines interfecerunt in eadem civitate; et ibi etiam incenderunt civitatem Nickelspurck et Felczperch et alia multa mala fecerunt circumquaque in castris
et monasteriis et villis."* „Da ritten die Hussen in das landt mit raub und prandt nach
allem ihren willen woll bey 3 wochen gar nahe bey der Thonaw zu Stockeraw und
andere dörffer ohn zall," schreibt die kleine Kloster-Neuburgerchronik. Dieselbe setzt
diesen Verwüstungszug nach der Belagerung Lundenburgs durch die Österreicher, welcher
Zusammenhang aber unrichtig sein dürfte; denn schon am 24. April 1426 schreiben die
Florentiner in einem Briefe: „Gli Ussi vennero molto grossi presso a Vienna a quattro
miglia tedesche," (Bezold, K. Sigmund, II., 75), welche Angabe mit der Entfernung
Stockerau's von Wien so ziemlich stimmt. Für einen Einfall um diese Zeit spricht auch
der Brief Herzog Albrechts an Jörg von Starhemberg dd. Wien, 3. April 1426, worin
der Starhemberger aufgefordert wird, 14 Tage nach dem nächsten Sonntage (21. April)
zu einer Berathung wegen der Husiten nach Wien zu kommen, da dieselben im Vorjahre schon in Österreich arg gehaust haben, „sunderlich an dem von Maidburg, den
si in veknus auz dem land und meniger ander gefurt und ettleich vnder je beschëtzt

Der Fall von Lundenburg und die Besetzung dieses so wichtigen Grenzcastells durch die Husiten hatte in Österreich eine grosse Aufregung und Bestürzung zur Folge. Herzog Albrecht sandte in Eile den bis in die Nähe Wiens vorgedrungenen Feinden ein Corps nach Langenzersdorf unter dem Bisamberge entgegen,[1]) konnte aber dessen Führung nicht persönlich übernehmen, da am 10. März zu Wien der deutsche Reichstag zusammentrat, welcher freilich wieder nichts anderes, denn die Vertagung der Rüstungen im Reiche bis zu einer neuen Versammlung beschloss, die am 1. Mai in Nürnberg stattfinden sollte.[2]) Nach Schliessung des Wiener-Reichstages brach er sofort, unterstützt von seinem Schwiegervater, der in eigener Person mitzog, von Korneuburg aus gegen die im Lande umherstreifenden Husiten auf, traf jedoch den Feind nicht mehr in Österreich an, da sich derselbe auf die Nachricht von dem Anrücken der königlichen und herzoglichen Truppen über Lundenburg nach Mähren zurückgezogen hatte.[3]) Unter dem tiefen Eindrucke, welchen dieser neue Verheerungs- und Plünderungszug in Österreich auf die Stände gemacht hatte, beschloss der am 21. April[4]) in Wien zusammengetretene Tag der ober- und niederösterreichischen Landherren umfassende Rüstungen zu veranstalten. Um die kostbare Zeit nicht mit langen Verhandlungen und Berathungen zu vergeuden, wurde ein Ausschuss, bestehend aus 32 Mitgliedern des Landtages, je acht aus den vier Curien des Herren- Ritter- und Prälatenstandes, sowie der landesfürstlichen Städte und Märkte, eingesetzt und mit der Vorbereitung der

---

habent und yecz newlich den von Lichtenstein vnd vnser lant auch swerleich habent verderbt und beschedigt." Orig. Pap. im Schlossarchiv von Riedegg. Auch das unten zu erwähnende Schreiben Siegmunds berichtet von einem Einfalle der Husiten in Österreich im März. Dass Lundenburg durch Verrath genommen wurde, geht aus den Worten Andrea's von Regensburg in seinem Dialoge (Höfler I. 576) deutlich hervor.

[1]) Dies erhellt aus den Ausgaben der Stadt Wien auf den Zug der Hussen, wo es zum Jahre 1426 (vor der Belagerung Lundenburgs durch die Österreicher) heisst: „So stet die raizz mit dem Grundlacher und Hötzel gen Entzestorff underm Pösenberg circa festum pasce mit für (Wagentransport) und andere nottdurft.... 95 Pfund Pf." Schlager, Wienerskizzen.

[2]) Bezold, K. Sigmund, II., 75. Das einzige Resultat des Reichstages zu Wien war die Versöhnung des deutschen Königs mit dem Brandenburger.

[3]) Am 2. April macht König Siegmund von Korneuburg aus den Städten der Wetterau bekannt, dass am 1. Mai ein neuer Reichstag zu Nürnberg werde gehalten werden, und fordert sie zur Beschickung desselben auf, um den Zug gegen die Husiten zu beschliessen. „Wann dieselben ketzer ytz den hochgebornen Albrechten, herzogen zu Osterrich unszern liben sun und fürsten, vast mechticlich in seinem lande gewest sin und haben do vil lute und landes gewüstet, daz wir beyde mit unser selbs person gen in zu czyehen uff waren. Vnd als sie daz erfaren, sint sie widergetzogen, yederman an sein gewarsam." Aschbach, Gesch. K. Siegm. III. 398.

[4]) Dieser Tag ergibt sich aus dem obenangeführten Schreiben des Herzogs an Jörg von Starhemberg.

Geschäfte betraut.[1]) Mit überraschender Schnelligkeit gieng derselbe an die Lösung seiner Aufgabe, und schon am 27. April wurde das allgemeine Aufgebotsedict erlassen.

Als „obristen haubtmann" bezeichnete der Landtag aus sechs ihm vorgeschlagenen Personen den Grafen Johann von Schaunberg, im Falle derselbe aber wegen Krankheit ablehnen würde, wurde Leopold von Krayg dazu bestimmt, doch unbeschadet des Rechtes des Herzogs, einen anderen aus den sechsen zu ernennen. Aus den Hausbesitzern soll der zehnte Mann, der zum Kriegsdienste die grösste Geschicklichkeit und körperliche Stärke besitzt, ausgewählt und von den übrigen neun, welche zu Hause bleiben, mit allem Nothwendigen versehen werden. Zwanzig solche auserwählte Zehner müssen mit einem mit vier Pferden bespannten Deichselwagen ausziehen und eine fünfzehn Fuss lange eiserne Kette mit sich führen, die an dem einen Ende mit einem Ringe versehen ist, an dem anderen in einen Haken ausläuft. Unter zwanzig Zehnern müssen drei mit Büchsen, acht mit Armbrüsten, vier mit Spiessen und vier mit Dreschflegeln bewaffnet werden; jeder Wehrmann muss aber überhaupt mit einem Schwerte oder Messer, einem leichten Eisenhut, Panzer oder Schiessjoppe und zwei Blechhandschuhen ausgerüstet werden. Wer eine Büchse trägt, muss ein Pfund Pulver, ein Pfund Bleikugeln, einen eisernen Ladstock und ein Pulvermass mit sich führen, der Armbrustschütze hat mit einem Köcher, der zehn Pfeile birgt, versehen zu sein. Für einen Rüstwagen (also für je 20 Mann) müssen folgende Lebensmittel herbeigeschafft werden: Brot um vier Schillinge Pfennige, Käse um 60 Pfenn., vom geräucherten Fleische „ain saiten", vom frischen Fleische der vierte Theil eines Rindes, sowie ein Eimer Wein. Diese Lebensmittel sollten aber nur als Reserve dienen für Orte, wo nichts zu bekommen wäre. Um die nöthige Ordnung und leichtere Beweglichkeit bei der Armee herzustellen und das Rüstzeug in gutem Stande zu erhalten, hatte jeder Wagen seinen Befehlshaber und seinen Vormann. Je zehn Wagen unterstanden wieder einem Hauptmann, fünfzig Wagen bildeten wieder eine eigene Abtheilung unter einem besonderen Commandanten, und über je zwei dieser Abtheilungen (100 Wagen) wurden wieder eigene Hauptleute gesetzt. Diese Hauptleute und Vormänner wurden von dem Oberanführer ernannt. Als monatlichen Sold bewilligte der Landtag jedem Wehr-

---

[1]) „In demselben jar liet herczog Albrecht all ritter, herrn und khnecht, stött und märckt ob und underhalb der Ens gen Wien; da höreten sie all des fürstenthumb brieff, darumb man zu rath ging, das man den Hussen ain widerstandt thun khund und möcht; darczue nam man in die wahl 8 herrn, 8 ritter, 8 prelatten und 8 burger, die wurden uberain, das sie sollen zu der landwöhr haben ain gancz jar." Kleine Kloster-Neuburgerchronik.

manne sechs Schillinge Pfennige, die der Hauptmann jedes Wagens für seine Abtheilung zu bewahren hat. Derselbe hat auch Sorge zu tragen, dass die Löhnung für den täglichen Unterhalt von der Mannschaft verwendet würde. Wer immer von den Herrschaftsbesitzern einen seiner Holden dem Aufgebote entzieht, ist dem Herzoge für jeden Mann 32 Pfund Pfenn. als Strafe zu bezahlen schuldig; ist eine Herrschaft nicht imstande, einen Zehner zu stellen, so soll sie sich mit ihren Holden einer anderen anschliessen. Damit kein Grundherr seine Holden dem Aufgebot entziehe, so beschliesst der Landtag, den Herzog zu bitten, in allen vier Kreisen, sowie in den einzelnen Pfarreien von Österreich Aufseher zu bestellen, welche über die genaue Durchführung des Aufgebotes zu wachen haben. Auch die „gest" (Ausländer, welche in Österreich begütert waren) sind bezüglich ihrer Holden nicht von dem allgemeinen Aufgebote ausgenommen. Die Edlen des Landes sollen einen Monat auf eigene Kosten, für die weitere Dauer des Feldzuges auf Kosten des Landesfürsten dienen, der für das Geschütz und den Zeugbedarf selbst Sorge tragen wird. Das Aufgebot wird dem Herzog auf ein Jahr bewilligt und sollen sich die von Nieder-Österreich zu Laa, die von Ober-Österreich zugleich mit den Reisigen des Schaunbergers und Walseers in Eggenburg am 29. Juni einfinden. Weil das linke Donauufer infolge des letzten und der früheren Einfälle stark gelitten hat, so soll jeder Herrschaftsinhaber nach bestem Gewissen das Möglichste leisten, auch soll vom Tage der Erlassung dieses Patentes (27. April) bis zur Beendigung des Feldzuges und „darnach vber viertzehen tag" allgemeiner Landfriede und jede Fehde bis dahin abgethan sein.[1]) In Bezug auf die Reiterei wurde von den Ständen festgesetzt, dass der hohe und niedere Adel 1000, der Klerus 1500 Berittene zu stellen hätten.[2]) Zum Unterhalte dieses zahlreichen Heeres, zu dem ausser der Landwehre und der von den Ständen gestellten Cavallerie noch die vom Herzoge auf seine Kosten geworbenen Söldner, sowie die nicht unbeträchtlichen Contingente der mächtigeren Edlen von Österreich[3]) zählten, wurde die Steuerkraft des Klerus und der Städte noch höher als bisher in Anspruch genommen. Der erstere verpflichtete sich von allen seinen Einkünften und Beneficien mehr

---

[1]) Kurz, Österreichs Militärverfassung in älterer Zeit, Anhang N. 1. Dass dieses Landesaufgebot, wie Kurz schon richtig vermuthet hat, in der That in das Jahr 1426 gehört, geht aus der kleinen Kloster-Neuburgerchronik deutlich hervor.

[2]) „Die herren und ritter 1000 pferdt, die priesterschafft 1500 pferdt." Kleine Kloster-Neuburgerchronik, 429.

[3]) So kam Reinprecht von Walsee mit 600 Mann, Graf Schaunberg mit „ain sum volks zw rossen". Schadlosbriefe des Herzogs in den Archiven von Efferding und Riedegg.

als die Hälfte, im ganzen 43.000 Gulden, dem Herzoge zur Verfügung zu stellen,[1]) die Summen, welche die Städte zu zahlen hatten, sind nur theilweise bekannt.[2]) Dieses älteste bis jetzt bekannte Landwehrpatent zeigt, dass die Österreicher vom Feinde gelernt hatten und dass sie, der veränderten Taktik Rechnung tragend, dem wohlgeschulten Gegner mit gleicher Waffe entgegen treten wollten. Um der Spionage der Husiten, welche von allen Schritten ihrer Gegner stets trefflich und zur rechten Zeit unterrichtet waren, Abbruch zu thun, erliess Herzog Albrecht an die Städte Budweis, Krems, Wien, Korneuburg, Linz, Freistadt u. a. den strengen Auftrag, in dieser Hinsicht aufmerksam zu sein und besonders auf die zahlreichen Frächter ein wachsames Auge zu haben.[3])

Zu dem für den 1. Mai nach Nürnberg ausgeschriebenen deutschen Reichstage wollte sich Siegmund mit Albrecht persönlich begeben, doch konnte er angeblich wegen einer Krankheit, in der That aber wegen der Verhältnisse in Ungarn, seinem Wunsche nicht nachkommen. Auch der österreichische Herzog erschien nicht persönlich, sondern liess sich vertreten.[4]) Auf dem Reichstage, dessen Eröffnung wieder später, als ursprünglich anberaumt worden war, erfolgte, wurde nach längeren Verhandlungen endlich beschlossen, mit 4000 Gleven einen täglichen Krieg gegen die Husiten zu führen und der 13. Juli als Termin des Aufbruches festgesetzt. Mit vier Heeren, deren zweites der österreichische Herzog, unterstützt von einem Hilfscorps seines Schwiegervaters, führen sollte,[5]) wollte man von allen vier Himmelsgegenden in Böhmen einrücken. Doch dem Beschlusse folgte nicht die That, der Termin wurde um vier Wochen verlängert, von allen Reichsfürsten rüsteten nur der Habsburger in Österreich und der Meissner in Sachsen, die übrigen Fürsten verfolgten wieder ihre alte Territorialpolitik, die Städte thaten gar so gut wie nichts. Selbst die furchtbare Niederlage der Sachsen bei Aussig war nicht im stande zu bewirken, dass die Deutschen zu einem grossen Unternehmen sich aufgerafft hätten. Zwar wurden die Rüstungen auf Betreiben des neuen päpstlichen Cardinallegaten Jordan de Orsini,

---

[1]) „*1426 inposita est una stewra in Austria super omnes prelatos et plebanos et capellanos, ita quod oportebat eos dare medios fructus et aliquid plus, et hoc dederunt duci pro defensione terre propter Hussitos.*" Continuat. Claustroneob. Die kleine Kloster-Neuburgerchronik l. c. gibt die Summe an, wenn sie schreibt: „Zuletzt am gelt die prelatten gaben 32.000 fl., die laypriester 11.000 fl. . . der probst von Newburg hat in die stewr geben 4000 fl."
[2]) Die Stadt Kloster-Neuburg bezahlte 3000 Gulden.
[3]) Kurz, Albrecht II., II. 115.
[4]) Albrecht verweilte um diese Zeit in Wien. Lichnowsky V. Reg. 2429—2433 u. a.
[5]) „*Secundus fuit Albertus dux Austriae cum adiutorio Sigismundi regis Romanorum*" schreibt Andreas Ratisbonensis, Höfler II. 446.

der schon dem Nürnberger Reichstage angewohnt hatte, eifriger als zuvor vorgenommen, aber man beschränkte sich auf den kleinen Krieg, der zwar einige Erfolge errang, im grossen und ganzen jedoch bedeutungslos blieb. Der deutsche König selbst, mit einem Kriegszug gegen die Walachei beschäftigt, unternahm keine Schritte, um die Deutschen aus ihrer Lethargie aufzurütteln, sondern glaubte genug gethan zu haben, wenn er seinem Schwiegersohne drei tausend berittene Ungarn zu Hilfe sandte.[1]

Obwohl das österreichische Aufgebot den 29. Juni als Termin des Sammelns festgesetzt hatte, trafen doch die einzelnen Scharen, namentlich durch die Schuld des obersten Marschalls von Österreich, Otto von Meissau, des letzten seines ruhmreichen Geschlechtes, verspätet und nicht in gehöriger Anzahl[2] an den bestimmten Sammelplätzen ein. Gegen die Mitte des August begab sich der Herzog selbst nach Laa[3] und brach nach dem 24. dieses Monats,[4] nachdem das ungarische Hilfscorps, sowie die vom Herzog Friedrich von Tirol zugesagten 1200 Reiter angelangt und auch Reinprecht von Walsee und seine 600 Reiter eingetroffen waren, zur Belagerung der wichtigen Grenzfeste Lundenburg auf. Mit ihm zog auch Prinz Peter von Portugal, der mit einem Corps den Österreichern zu Hilfe geeilt war.[5] Obwohl die Armee, bei 40.000 Mann stark, durch acht

---

[1] Bezold, K. Sigmund, II. 85—89.

[2] „Item als offt wir anleg," heisst es in der Anklageschrift gegen den Meissauer, „auf unser herren, ritter und knecht getan haben umb volkh, damit man die lantwehr haben solt, als offt er sein anezahl volkes nie ganez gehabt, das ander vnser luntleut vast hat hinterstellig gemacht. Er hat auch sein leut und pawrschafft gen den veinden nie ganez aufbracht, sunder nur ain teil seiner vogtleut aufgevordert. Darczu hat er uns den anslag, der in der vasten des vergangen vierzehn hundertisten vnd sechs und zwainczigisten jare geschach, ganz wendig gemacht, daraus uns, vnsern landen und leuten verderblicher schad ergangen ist, als sich das erfunden hat an Lunteinburg und in menigern andern stukhen. Item so hat er ynn ain erbamt, genant das obrist marschalchamt, vnd als wir in dem veld vor Luntemburg sein gelegen, hat er solich volkh nicht gehabt, als ain obristen marschalken zugehoret, damit er die strass geschirmet und verhutt hiet, daz man notdurft und speys dem her hiet mugen zufuren. Daraus uns merkleicher schad gen den veind ist gangen. Also daz sich das volkh dauon gemynnert hat und bei uns nicht beleiben mugen. Er hat aber doch genomen vngelt und ander ding, davon er schuldig ist, die strass zu behutten und zu schermen."

[3] Am 21. August 1426 stellt Albrecht noch zu Laa dem Grafen Johann von Schaunberg einen Schadlosbrief aus. Copialbuch von Efferding.

[4] „Auch soltu wissen," schreibt Windeck, Menken I. 1191, cap. 148, „also mon zalte von gotis gepurt xiiii hundert und xxvi iare nach sant Barthelmeus tag, do zog herzog Albrecht von Wenne aus gein Merhern wol mit xl tausent mannen auf die Hussen und Behemischen keczer und zog fur ein slos, dorinnen warn der Hussen vil und das slos haisset Lumpenberg und leit zwo meile von einor stat, haisset Loe (Laa) und ist acht meile von Weine."

[5] „Im selben jar (1425) an dem antlastag under dem mandat, da kham hergefahrn ein khünigs sun von Portigall mit seinem volkh, auf 300 guets volckh; er khumbt

Wochen[1]) vor der Feste lag, machten die Belagerer doch keine Fortschritte. Um aber die, wie es scheint, von Albrecht geplante Aushungerung der Besatzung zu verhindern, eilte Prokop Holy, der Oberanführer der Taboriten, mit einem grossen Heere aus Böhmen seinen bedrängten Glaubensbrüdern zu Hilfe und nöthigte den Herzog Ende October zur Aufhebung der Belagerung und zum Rückzuge nach Österreich.[2]) Als Ursache dieses Misserfolges der österreichischen Waffen geben die Chronisten nicht, wie dies mehrere male bei den deutschen Kreuzheeren der Fall war, die Furcht vor den Taboriten, sondern die Opposition an, welche einige edle Herren aus Österreich gegen ihren Herzog erhoben.[3]) Es war diese Opposition nichts anderes als das Zutagetreten jenes Bündnisses, das ein kleiner Theil des österreichischen Adels mit dem obersten Marschall, dem reichbegüterten und mächtigen Otto von Meissau an der Spitze, gegen seinen Landesfürsten geschlossen hatte.[4]) Dieser hohe Würdenträger unterhielt, wie dies die im Jahre 1429 von Albrecht selbst vor den Landherren erhobene Anklage

---

nit teutsch, aber guet lateynisch" erzählt die kleine Kloster-Neuburgerchronik; cf. Oefele, Scriptor. rer. Boic. I. 27. und Aeneas Sylvius, Histor. Boh. cap. 44.

[1]) Diese Dauer der Belagerung gibt der gewöhnlich gut unterrichtete Andreas von Regensburg an. Aeneas Sylvius spricht von einer dreimonatlichen Belagerung; die als Continuatio Benessii de Waitmile angeführte Compilation gibt den 19. November als Termin der Aufhebung der Belagerung an, was unrichtig ist, da Albrecht schon am 10. November in Wien urkundet. cf. unten.

[2]) „*Dux autem Austriae Albertus quoddam castrum in plano situm Luntenburg vocitatum, quod dictam a Vienna distat quodque castrum Hussistae per tradidamentum occuparant potentionaliter obsedit, sed consumptis ad octo septimanis in obsidione, tandem castro non obtento in sua est reversus.*" Andreas Ratisbonensis, Höfler II. 451. „In demselben jar zog herczog Albrecht gehn Laa und samlet sich wider die Hussen, im kham zue hilff der Stöberle von des khunigs von Ungarn wegen mit 3000 pferden, herczog Friderich mit 1200 pferten, der von Walsee mit 600 pferten und all herrn ritter und khnecht und all paurnschafft schluege sich für Lundenpurg, das die Hussen dem Liechtensteiner thäten abgewinnen, da ward maniger piderman erschossen und zogen alle ungethaner ding hinweckh, dan sie hetten nichts ausgericht." Kleine Kloster-Neuburgerchronik. Die Annales Mellicenses setzen die Eroberung unrichtig in das Jahr 1424; cf. auch Palacky, Gesch. v. Böhmen III. II. 420, der Pessina's phantasiereiche Erzählung, derzufolge Lundenburg schon im Jahre 1423 durch die Husiten erobert worden sein soll, welcher auch Kurz und nach ihm neuere Historiker, wie Falk folgten, widerlegt.

[3]) „*Audivi tamen,*" berichtet Andreas von Regensburg, „*hoc non duci quoad personam suam sed aliis fuisse imputatum.*" Und Windeck schreibt: „Und het do grosse arbeit und teto grossen schaden und nome auch grossen schaden, und muste mit schanden also von dannen zihenn, das machett, das die kezerischen Beheym ye sterker wurden, das muchet das des herzogen Albrechts lanthern nit eins worden in dem velde."

[4]) Mit diesem Bunde der Missvergnügten dürfte vielleicht auch der Vergiftungsversuch, den Kadolt von Eckartsau nach der kleinen Kloster-Neuburgerchronik an Herzog Albrecht in diesem Jahre machte, im Zusammenhange stehen.

bezeugt, mit dem Feinde hochverrätherische Verbindungen, indem er das im geheimen Rathe des Herzogs Beschlossene zu ihrer Kenntnis brachte, so dass dies von den beabsichtigten Schritten des Herzogs stets die beste Kunde hatten. Freilich liessen die Husiten seinen zumeist am linken Donauufer gelegenen Besitzungen dafür grössere Schonung angedeihen, aber auch die Niederlage von Lundenburg war das Werk dieses Hochverrathes.[1])

---

[1]) „Von erst ist uns kund und wissentleich, daz derselb von Meissau die gehaim unser ratt nicht gehalten, sunder daz die durch in ausgelangt ist. Item so haben wir ain lautter wissen, daz der von Meissau sich gen ettleichen unsern veinten frewntlich gehalten und sich mit schreiben, potschefften und in ander weg gen in gutleich erczaigt hat, darnus uns, unsern landen und leuten merkleicher schaden angriff und verderben ist gangen. So hat uns weilent der von Maidburg von Prag zwischmaln her verpottschefft, was wir in unserm rat handeln und betrachten, daz die veind antroffen und berurt hat, daz das den selben veinden aus unserm rat alles offenbar und zu wissen sey getan worden. Dar nach hat er uns zum dritten mal heraus verpottscheftt und uns durch sein pottschaft zu erkennen geben, daz solich offenbarung der gehaim aus unserm rate durch den von Meissau alles sey gangen. Item als wir vor Luntemburg sein gelegen und die veind herab von Beham auf uns zugen, da ist ain edel man, aus unserm land geporn, der die selb zeit ir gevangen was, under in gewesen, der hat uns gesagt und zu erkennen geben, daz die veind wider in gerodt haben, daz in der von Meissau emboten und zu wissen getan hab, daz si sich in nichte besargen, wan si sicher und gewis sein, daz wir des mals mit in nicht vechten. Item als offt die veind auf uns und in unser land geczogen sind und uns und den unsern darinn allenthalben schaden getan habent, so habent si doch des von Meissau gevlösser, leut und guter mer geschont, damit im als merkleich scheden von den veinden nicht geschehen sind, als uns und andern unsern lautleuten, das man nach manigvalticleich erfaren mag." Zeibig, Des Maissauers Schuld und Strafe (Silvesterspende 1852). Prof. Pölzl sucht in seiner mit anerkennenswertem Fleisse gearbeiteten Abhandlung über den letzten Meissauer diesen in etwas zu entschuldigen, indem er behauptet, das hochverrätherische Bündnis sei kurz vor seiner Haftnahme geschlossen worden, wogegen jedoch die obenerwähnten Worte des Regensburger Mönches und Windecks sprechen. Pölzl beruft sich auch zur Vertheidigung seiner Ansicht auf das Strafausmass, das allerdings für eine solche hochverrätherische Verbindung sehr milde ausgefallen ist, allein durch die damalige Lage des österreichischen Herzogs, der im steten Kampfe mit den Husiten liegend der Hilfe seiner Landherren nicht entrathen konnte, ganz erklärbar wird. Dass auch die Zeitgenossen den Meissauer als Verräther bezeichneten, bezeugt eine Aufzeichnung in einer Handschrift von Kremsmünster (bei Pachmayr, Series abb. et relig. mon. Cremif.):

„M summe sennel, c quater, novem numera ter,
Quarta post (Mathiae oct.) Meyssaro lapsus est die
Artam in foueam, quam clero parauit ut Aman.
Sic omnibus istis fiet, qui domini Christis
Malum student inferre, et delere a facie terrae;
Quod Mayssaro temptavit et cum Huxitis laborauit
Ut clerum destrueret et vulgum diabolo tribueret.
O Jesu Christe, qualis ypocrita fuit iste,
Non fuit nec est talis, et nec inuenietur aequalis,
Qui pelle ouina tractauit de cleri ruina,
Hunc tu exstirpasti et tuum clerum auisasti,

Nach dem Rückzuge der Österreicher fielen die Husiten wieder in das Land ein. Von Lundenburg aus, das in ihrer Gewalt geblieben war, machten sie Raubzüge, verheerten die ganze Umgebung und nöthigten die Bewohner in einem Umkreise von sechs Meilen, ihnen Lebensmittel zu liefern und Abgaben zu leisten.[1]) Herzog Albrecht, den eine spätere böhmische Chronik nach dem unglücklichen Ausgange der Belagerung von Lundenburg weiter in Mähren vordringen und bei Miemy einen Sieg erringen lässt,[2]) kehrte nach Wien zurück, wo er schon am 10. November den Ständen von Ober- und Niederösterreich für den „gemeinen Anschlag", den sie Gott zu Lob, zur Stärkung des christlichen Glaubens und zum gemeinen Besten ihm nach mancher Unterredung bewilligt hätten und den er nur „wider dj ungelaubigen keczer in Bechaim, di man nennet Hussen" zu verwenden gelobt, einen Revers ausstellte.[3]) Zur Verhinderung der Raubzüge, welche die Husiten von Lundenburg aus machten, sandte er zwar Söldner und bot die Städte auf, die in Zistersdorf sich sammelten,[4]) doch scheinen dieselben, da von grösseren Kämpfen nirgends Meldung geschieht, keine nachhaltigen Erfolge errungen zu haben.

Die Kunde, dass die Taboriten neuerdings an der Nordgrenze von Österreich sich sammelten, veranlasste den Herzog, ein neues Aufgebot zu erlassen, das um die Mitte des December in Korneuburg sich sammeln sollte.[5]) Diese Nachricht, welche Albrecht im November erhalten hatte, be-

---

Ut te collaudet, teque iuvante prosternet
Meyssauris cohortem, velut Judith Olofernem.
Sed ducem inclitum, iustum, pium atque benignum,
Principem Austriae nostrum Deus conservet Albertum,
Barones, nobiles ceterosque suos fideles
Praecipue dominum de Crey confirmet Leopoldum."

[1]) „Darnach aus zu Lundenburg aus Lundenburg ein herczog aus Reussen und alle die umb in aussen bey 6 meylen muesten im zins geben." Kleine Kloster-Neuburgerchronik.

[2]) Die als Continu. chron. Benessii de Waitmile (Dobner IV. 78) bekannte Compilation berichtet: „Post festum sancte Elizabeth Albertus dux Austrie et marchio Moravie per Hussitas de campis fugatus est in Moravia, sed postea circa Miemy victoria potitus est," welche Nachricht, abgesehen von dem nicht aufzufindenden Orte Miemy, schon deshalb wenig Glauben verdient, da sie Albrecht erst am 19. November von Lundenburg abziehen lässt, während er doch schon am 10. dieses Monats in Wien urkundet.

[3]) Copialbuch von Efferding.

[4]) Ich schliesse dies aus einer erhaltenen Rechnung der Stadt Wien, in der es, nachdem sie die für den Zuzug des Wiener Aufgebotes nach Lundenburg gemachten Ausgaben berichtet hat, weiter heisst: „So gestett die raizz (Zuzug) mit dem purgermaister gen Zyzestorff ... 205 Pfund; so ist verloren worden mit dem prott, daz man mit hat gefürt mit der für ... 29 Pfund." Schlager, Wienerskizzen I. 93.

[5]) Herzog Albrecht gebietet dd. Wien, 26. November 1426 Jörg von Starhemberg zur Vertreibung der Waisen an der Grenze wohlgerüstet acht Tage nach dem nächsten Sonntage in Korneuburg zu erscheinen. Or. Pap. im Archiv von Riedegg.

ruhte auch auf Wahrheit. Die Husiten hatten nämlich dem Plane Prokops Holy gemäss den Beschluss gefasst, zu einer energischen Offensive überzugehen und den Feinden ihres Glaubens durch furchtbare Verheerungszüge in deren eigenen Landen die Möglichkeit abzuschneiden, in Böhmen einzudringen. Mit der Durchführung dieses Planes beginnt der letzte, aber schrecklichste Act des so langen, blutigen Dramas. Gegen Ende des Jahres brach ein Taboritenheer in Schlesien ein, und gleichzeitig sammelten sich die „Waisen" im südlichen Böhmen zu einem Zuge nach Österreich. Um die Weihnachtszeit überschritten dieselben unter der Anführung Heinrichs von Plass in der Stärke von 4000 Mann die österreichische Grenze und langten, alle Dörfer und nicht befestigten Plätze in gewohnter Weise unmenschlich verwüstend, am letzten Tag des Jahres 1426 in Alt-Weitra[1]) an. Von da aus zogen sie am Neujahrstage 1427 gegen das Cistercienserstift Zwetl, dessen Bewohner auf die ihnen gewordene Schreckenskunde die Bibliothek und den Kirchenschmuck sammt den übrigen wertvollsten Gegenständen sogleich nach der benachbarten festen Burg Lichtenfels[2]) in Sicherheit brachten; sie selbst aber flohen theils in die benachbarten dichten Wälder, theils suchten sie Schutz bei den Dominicanern in Krems; nur zwei Brüder blieben zurück. Die raublustigen Scharen sprengten die Stiftsthore und zerstreuten sich beutelustig in dem Kloster. Da sie aber die gehofften Schätze nicht fanden, schlugen sie den Bruder Eberhard todt — dem anderen war es gelungen, in den nahen Wald zu entkommen — und plünderten und verwüsteten die heilige Stätte. Dann zogen sie gegen die naheliegende Stadt Zwetl und suchten sie im ersten Anlaufe zu nehmen. Doch die tapferen Bürger widerstanden muthig dem furchtbaren Ansturme, und da ein Bruder des Anführers vor den Mauern gefallen war, schlugen sie nochmals den Weg zum Kloster ein, liessen Kirche und andere Gebäude in Flammen aufgehen und traten dann, am 2. Jänner 1427, in nördlicher Richtung den Rückzug an, auf welchem viele Ortschaften, wie Schweiggers, Windischsteig, Dobersberg u. a. in Asche sanken.[3])

[1]) Alt-Weitra, nicht Alt-Weiten, wie Kurz schreibt. Die, wie aus später ausgestellten Einweihungsurkunden unzweifelhaft hervorgeht, durch die Husiten veranlasste Zerstörung und Verbrennung von Zuggers dürfte, da damals das Städtchen Gmünd auch grossen Schaden genommen hat (Patznick, Gesch. der Stadt Gmünd), wohl ohne Zweifel in dieses Jahr gesetzt werden können.

[2]) Lichtenfels, eine Burg südöstlich von Zwetl, das seinen Namen einem berühmten, altösterreichischen Geschlechte dankt.

[3]) Nach einem in der Bibliothek von Zwetl befindlichen gleichzeitigen Manuscripte: „*Historia de vastatione monasterii Zwetl ab Hussitis facta*", gedruckt bei Link, Annal. Clarovall. II. 91. Ebendorfer lässt Dobersberg schon im Jahre 1425 bei Gelegenheit des Raubzuges der Husiten gegen Retz erobert und verwüstet werden, was jedoch unrichtig ist, da die Husiten damals nicht so weit westlich vordrangen.

Diesem Verwüstungszuge, der nur eine Recognoscierung gewesen zu sein scheint, folgte neun Wochen später der eigentliche Hauptzug nach. Am Tag des heiligen Gregor (12. März)[1] erschien ein grosses Heer der Taboriten und Waisen[2]) vor Zwetl und unternahm sofort noch in der Nacht den Sturm, um die Stadt im ersten Anpralle in seine Gewalt zu bringen. Obwohl sie ununterbrochen Nacht und Tag und die nächste Nacht stürmten, leisteten doch die Bürger tapfere Gegenwehr und schlugen jeden Sturm muthig ab. Auf die Kunde von dem Einbruche der Taboriten eilte das von Albrecht aufgebotene Heer unter Führung des Landeshauptmannes von Oberösterreich, Reinprecht von Walsee, Leopold von Krayg u. a.[3]) den Feinden entgegen und traf dieselben bei Zwetl, das sie noch immer umschlossen hielten. Vor den Mauern dieser Stadt kam es am 25. März zur Schlacht. Durch vier Stunden wogte der mit der grössten Erbitterung geführte Kampf unentschieden umher, bis es endlich den Österreichern gelang, sich der feindlichen Wagenburg zu bemächtigen und die Husiten in die Flucht zu schlagen. Von Beutelust getrieben lösten die Österreicher aber zu frühe ihre Reihen und begannen, statt die Fliehenden energisch zu verfolgen, die erbeuteten Wagen zu plündern. Als die Husiten bemerkten, dass die Sieger sich zerstreuten, sammelten sie sich wieder in grosser Schnelle, erneuerten unter furchtbarem Geschrei den Angriff und entrissen den Österreichern den Sieg; die schon gewonnene Schlacht ward wieder verloren, bei 9000 Todte deckten das Schlachtfeld. Ungeheure Beute, darunter auch das Banner des Walseers, dessen Sorglosigkeit Aeneas Sylvius den Verlust des schon errungenen Sieges zuschreibt, fiel den Husiten in die Hände. Dieselben traten, nachdem sie noch drei Tage auf dem Schlachtfelde verweilt und Zwetl heftig wiewohl erfolglos bestürmt hatten, endlich

---

[1]) Diesen Tag gibt das obenerwähnte Zwetler Manuscript an und befindet sich damit in Übereinstimmung mit dem Chronicon veteris Collegiati Pragens. und dem Chronicon Treboniense, welche beide die Fastenzeit („in ieiunio") nennen. Die Fastenzeit begann im Jahre 1427 mit dem 5. März. Ein Manuscript in der Bibliothek des Stiftes Göttweig N. 306 nennt den 1. Februar („pridie purificationis Marie").

[2]) Die erwähnte Historia de vastat. gibt die Stärke des husitischen Heeres auf 16.000 Mann an.

[3]) Das öfter erwähnte Manuscript von Zwetl nennt Leopold von Krayg als Oberanführer, die kleine Kloster-Neuburgerchronik sowie Aeneas Sylvius geben den Walseer als „Hauptmann" an. Das österreichische Heer bestand ausser den herzoglichen Söldnern, welche, wie Veit Arenpeck erzählt, in Inner-Österreich geworben wurden, noch aus dem Aufgebote der Edlen des Landes. Als Theilnehmer nennen böhmische Quellen noch die Herren von Liechtenstein, Maissau, Neiperg, Stubenberg, Puchheim u. a. Die numerische Stärke der Österreicher wird nirgends erwähnt. Als Schlachttag dürfte der 25. März anzusehen sein.

den Rückzug nach Mähren an.¹) Nach den uns erhaltenen urkundlichen Nachrichten nahmen sie ihren Weg über Döllersheim, Altpölla, Fuglau und Altenburg, welches Stift verwüstet ward,²) nach dem nahe bei Horn gelegenen Kloster der Cisterciensernonnen zu St. Bernhard,³) schlugen dann, nachdem sie diese geweihte Stätte gleichfalls verheert hatten, eine

---

¹) „In demselben jar da thet unser volkh ein fechten mit den Hussen vor Zwetl und der von Walsee wardt hauptman. Von erst giengs unserm volkh gar woll, dann die feindt wichen von dem velt und liessen vill wägen stehen, da lueffen unser lewt den wägen zue und wolten die beraubt haben, da kherten sich die feindt wider umb und ranten wider die unsern und erschlugen ihr vill zu todt und fiengen ihr auch vill edl und unedl, da wardt eine grosse flucht und die stadt wardt auch schier verlorn von wegen der flucht." Kleine Kloster-Neuburgerchronik, 260. Das Chronicon veter. Collegiati Pragens. Höfler I. 89. berichtet: „*Anno domini mccccxxvii in ieiunio communium est grande bellum in Austria et prostrati sunt Australes ante civitatem Swietla per Thaboritas et caesa sunt ibi Australium plus quam novem millia hominum et praeda multa capta est et specialiter istorum dominorum de Austria, domini Ramprecht de Wolsan, cuius et vexillum receptum est, domini de Maissoic, domini Liechtenstaynar, domini de Puchaim, domini Lippoldi dicti Cragerz, domini de Neinper et aliorum quam plurimorum.*" cf. Chronicon Trebonienso Höfler II. 56. Aeneas Sylvius, Histor. Bohem. pag. 155. Die Annalen von Melk wissen über diese Schlacht nichts zu berichten.

²) Ein im Stifte Altenburg aufbewahrtes gleichzeitiges Manuscript: „*Damna monasterii*" entwirft ein sehr lebhaftes Bild von dem Wüthen der Husiten in Altenburg. „*Primo spoliaverunt monasterium in Pölan forensi octo equis quadrigariis. Item ubi devicissent monasterium in Zwetl pedem moverunt ad nos ferro et igne violantes totum monasterium nostrum relicto duntaxat columbario et nonnullis instrumentis domesticis inexustis. Item instrumentum musicum magnis impensis fabricatum, quod vulgo organum vocamus, e sublimiori parte ecclesiae intrinsecus deiecerunt in pavimentum ecclesie lapidibus stratum quod impetu decidens plus quam in mille particulas etiam minutissimas disiliit, cuius cannae e plumbo et stagno conflate inutilitate comminute sparsim per compita in agris et villis reperiebantur. Item horologium, quod multo pretio constabat, secum apportabant. Item, quod scelestissimum est, et contra omnem rationem, cistulas duas sacrosancti dominici corporis proiecto divino et mystico sacramento in terram abstulerunt. Item lapidibus, lanceis, pedibus et igni omnes ecclesie fenestras comminuerunt. Item campanam magnam combusserunt, minutulas vero diripuerunt. Item ut sue perfidie, sue malitie et suo furori immanissimi hostes Hussitae satisfacerent, etiam in simulacra et imagines sanctorum sevierunt cuspidibus et gladiis transfigendo... Item 6 vasa vinaria optimo vino referta exhauserunt, noctu et interdiu se vino ingurgitantes, qui dum pocula siccarent, bene poti et in furorem Bacchi redacti essent, utensilia omnia confregerunt. Item quidquid in sumptum quottidianum gestum erat, id consumpserunt reliquiis concrematis. Item 42 boves abigerunt. Item exustione facta plerumque muri imbribus irrigati corruerunt, aliqui ruinam minabantur.*"

³) „*Deinde tertia die post* (nach der Schlacht bei Zwetl) *Hussitae recedebant et descendentes ad monasterium s. Bernardi illudque spoliantes vina ad currus ponebant et cum vasis ad Bohemiam revertebantur,*" erzählt die öfter erwähnte Handschrift von Zwetl; Link, 93., womit der sehr verworrene Bericht in dem Stiftungsbuch des Klosters St. Bernhard in Fontes rer. Austr. II. Abth. VI. Bd. 314 zu vergleichen ist.

4*

nördliche Richtung über Langau, wo sie den Pfarrer verbrannten,[1] ein und kehrten endlich in ihre Heimat zurück. Furchtbar hatte durch diese beiden Einfälle in den ersten drei Monaten des Jahres 1427 das Land ober dem Manhardsberge gelitten, zahlreiche Kirchen und Klöster, Edelsitze und Dörfer, namentlich die Güter Leopolds von Krayg, der Herren von Puchheim u. a.[2]) waren verwüstet, zerstört und in Asche gesunken, und deren Bewohner entweder getödtet oder sie irrten in den Wäldern umher. Obwohl der zweite Einfall nur bei drei Wochen gewährt hatte,[3]) so war die Noth doch eine schreckliche geworden; namentlich hatten die Umgebungen von Eggenburg, Waidhofen an der Thaya, sowie die Klöster Pernegg und Geras gelitten.[4]) Ob damals auch, wie spätere Aufzeichnungen erzählen, diese wilden Horden bis Krems vorgedrungen seien und das Kloster Imbach zerstört haben, lässt sich mit Sicherheit nicht mehr angeben, doch ist es sehr wahrscheinlich.[5])

Während Österreich und Schlesien[6]) auf das furchtbarste verwüstet wurden, rüstete der deutsche König zwar in Ungarn, aber diese Rüstungen galten nicht der Abwehr der schrecklichen Feinde des deutschen Reiches, sondern den Walachen und Bosniern. Und wie das Oberhaupt, so theilnahmslos verhielten sich auch die Kur- und anderen Fürsten, sowie die Städte des Reiches gegenüber der stets wachsenden Gefahr. Zwar wurde im ersten Anlaufe nach der Schlacht bei Aussig ein neuer Reichstag ausgeschrieben, aber als er am 9. Februar 1427 zu Mainz zusammentrat, bot er das alte, klägliche Bild; ein neuer ward für den 27. April nach Frankfurt angesetzt. Nur unter der Reichsritterschaft begann regeres Leben zu pulsieren, und ihr Werk war es hauptsächlich, dass der Tag von Frankfurt die Sachlage ernster auffasste.[7]) Auch Herzog Albrecht, welcher auf die Kunde von der Niederlage seines Heeres bei Zwetl sofort selbst sich in die bedrohten Gebiete begeben und Anstalten zur Vertheidigung, namentlich der wichtigen

---

[1]) Nekrologium des Klosters Mariazell in „Studien aus dem Benedictinerorden" II. Bd. Die Zerstörung dieser Ortschaften wird durch die Einweihungsurkunden ihrer Kirchen bestätigt.

[2]) Hieher möchte ich die von Ebendorfer berichtete Verwüstung der Güter dieser Edlen beziehen, die dieser Chronist unrichtig in das Jahr 1425 setzt.

[3]) Nach der Zwetler Handschrift bei Link l. c. dauerte der Einfall 17 Tage.

[4]) Blätter des Vereines für Landeskunde in N.-Ö. 1879, Wendenthal, Österr. Klerisei VIII. Bd. u. a.

[5]) Wendenthal, Österr. Klerisei VIII. setzt die Zerstörung des Dominicanerinnenklosters zu Imbach in das Jahr 1425, welche aber, da ein soweites Vordringen der Husiten in diesem Jahre sich nicht nachweisen lässt, sicherlich in das Jahr 1427, wo sie Krems so nahe standen, fallen dürfte.

[6]) Grünhagen, Husitenkämpfe 112 ff.

[7]) Bezold, K. Sigmund II. 95 ff.

Handelsstädte Krems und Stein getroffen hatte,¹) sandte den Edlen Stephan von Hohenberg und den Chorherrn von Freising, Friedrich den Stendheimer, Pfarrer zu Hainburg, als seine Abgeordneten zu dem Frankfurter Tage,²) welche im Vereine mit den schlesischen Gesandten die dringende Nothwendigkeit eines Zuges der Versammlung schildern sollten. Am 4. Mai wurde der Beschluss: „einen czog mit macht uf die Hussen und ketczer hin in das land gein Behemen zu thun" allen Reichsständen bekannt gemacht. An dem nächstkommenden „zwelf bothen sent Peters und Pauls tag" sollten vier Heere von vier Seiten wieder in Böhmen einrücken.³) Dem Herzoge von Österreich, zu dessen Truppen die Contingente des deutschen Königs, seines Vetters, Herzog Friedrichs von Tirol, des Erzbischofs von Salzburg und anderer Fürsten (vermuthlich die der Bischöfe der Salzburger Kirchenprovinz) stossen sollten, ward die Aufgabe zugewiesen, von Mähren aus nach Böhmen vorzudringen.⁴)

Diesem Beschlusse gemäss entbot Albrecht, der schon im April die Stände seiner Länder zu einem Tage einberufen und von ihnen eine neue Steuer zur Erhaltung des Kriegsvolkes gegen die Husiten bewilligt bekommen hatte,⁵) dieselben zu einer neuen Versammlung nach Wien für den 8. Juni, um die im Ausschreiben der Kurfürsten festgesetzte Ordnung zu vernehmen und die daraus hervorgehenden Änderungen zu berathen.⁶) Die näheren Ver-

---

¹) Er ist, wie die untenstehende Note bezeugt, schon am 3. April in Krems. In Krems wurden alle ausser den Mauern der Stadt liegenden Häuser, um dem Feinde keinen Stützpunkt zu gewähren, abgebrochen. Dieses Geschick traf auch das Haus des Cisterzienserstiftes Baumgartenberg, dem der Herzog den dadurch erlittenen Schaden im Jahre 1429 durch die Schenkung des einst dem Juden Hochgebems (?) gehörigen und von ihm eingezogenen Hauses sammt Garten ersetzte. Orig. Perg. im Archiv des Museums in Linz; cf. die treffliche Abhandlung Strobl's, Die Städte Krems und Stein im Mittelalter. II. Heft.

²) Beglaubigungsschreiben Albrechts dd. 1427, 3. April. Grämlis (Krems) für seine Abgesandten; Janssen, Frankfurter Reichscorresp. I. 353 N. 638. Den Aufenthalt des Herzogs in Krems in dieser Zeit bestätigt auch das Reg. N. 2535 bei Lichnowsky V.

³) Palacky, Beiträge I. 501 N. 439.

⁴) „Und der hochgeborn fürste her Albrecht herczoge zu Osterreich, mit der obgenannten unsers gnedigen herrn des Romischen konigs folcke, seinem vettern herczog Frederich von Osterreich, dem bischove von Saltzburg und andir die zu in stossen werden, auch an ein ort."

⁵) Die Abhaltung eines Landtages nach der Niederlage bei Zwetl, vermuthlich im Laufe des Monats April, ergibt sich aus dem herzoglichen Schreiben an Jörg von Starhemberg.

⁶) Am 20. Mai 1427 schreibt Albrecht an den Starhemberger: Der Anschlag der Steuer, wegen deren Zahlung zur Erhaltung von Kriegsvolk gegen die „Hussen" er mit seinen Landherren jüngst übereingekommen sei, ändere sich durch die Beschlüsse des Reichstages von Frankfurt. Starhemberg wolle sich sohin acht Tage nach dem nächsten Sonntage (1. Juni) nach Wien begeben, um dort die von den Kurfürsten zu Frankfurt gemachte Ordnung zu vernehmen. *Dominus dux in consilio.* Orig. Pap. Siegel aufgedrückt, im Archiv des Schlosses Riedegg.

handlungen dieses Landtages sind uns nicht bekannt, wir kennen nur den
Sammelplatz der Truppen, als welcher das Städtchen Laa festgesetzt wurde.
Aber die Ankunft der Hilfstruppen verzögerte sich, die Contingente seines
Vetters von Tirol und der Bischöfe liessen warten, das seines Schwiegervaters scheint gar nicht gekommen zu sein.[1]) Die Folge war, dass das
österreichische Heer nicht rechtzeitig seinen Marsch beginnen konnte, und
dass, als endlich einige hundert Reisige, welche der Salzburger gesandt
hatte, in Laa eingetroffen waren,[2]) der entworfene Plan durch die schmähliche Flucht der Deutschen bei Mies und Tachau, welche, als sie das
Kettengerassel der husitischen Wagenburg und den wilden Kriegsgesang der
Taboriten, die Prokop Holy selbst führte, von der Ferne hörten, sofort das
Hasenpanier entfalteten, schon zunichte gemacht worden war. Herzog
Albrecht musste sich begnügen, da die Feinde in Mähren sich sammelten
und durch Bauern, die sie mit Gewalt zusammentrieben, ihre Zahl vermehrten,[3]) seine Besatzungen in den festen Plätzen an der Grenze zu
verstärken, auf einen Feldzug aber Verzicht leisten.[4])

Im deutschen Reiche begann besonders durch den Cardinallegaten,
den energischen Heinrich von Winchester, der schon vor dem Unglückstage von Tachau eine grosse Thätigkeit entwickelt hatte, ein erhöhter
Eifer platzzugreifen. Durch seine Bemühungen trat in der Mitte September
zu Frankfurt ein neuer Reichstag zusammen, der zwar seine Berathungen
wieder auf einen anderen Tag verschob, aber als er am 16. November
durch das energische Auftreten des englischen Cardinals vermocht, wirklich
seine Berathungen begann, sich zu gründlichen Massregeln einigte. Vor
allem wurde die Einhebung einer allgemeinen Reichskriegssteuer, das
„Hussengeld", in Aussicht genommen. Niemand, der das fünfzehnte Lebensjahr erreicht hätte, sollte davon befreit sein und wenigstens das Minimum,

---

[1]) Am 24. August erst ertheilen die bairischen Herzoge dem Herzoge Friedrich
von Tirol, der „yeczo durch des heiligen kristenglaubens willen seinem vettern hern
Albrechten, herezogen ze Osterreich, wider die unglaubigen Beheim ze hilfe komen
wil", freies Geleite durch ihre Staaten. Kurz, Albrecht II., II. 131., Bezold, K. Sigmund. II. 118.

[2]) Bezold, K. Sigmund, II. 119 nach Ansbacher Kriegsacten. Noch am 7. August
entschuldigt Albrecht von Laa aus, wo er schon am 5. weilte (Lichnowsky V. Reg.
N. 2564) bei den deutschen Fürsten, die jetzt vor Mies liegen, sein unfreiwilliges
Zögern.

[3]) Schreiben der Olmützer an die Kurfürsten und das Reichsheer in Böhmen.
Mitte Juli 1427. Palacky, Beiträge I. 529 N. 459.

[4]) „*Nunquam enim hoc in tempore venit* (Albertus) *in campum*" schreibt Andreas Ratisbonensis, Höfler II. 453. Was Aschbach l. c. III. 263 von einem Vorrücken
Albrechts nach Mähren erzählt, beruht auf blosser Combination, da Herzog Albrecht
schon im September wieder in Wien weilt.

einen Groschen, erlegen. Der Secular- wie Regularklerus sollten von dem jährlichen Ertrage ihrer Pfründen 5 Procente zahlen; wer mehr als 200, aber weniger als 1000 Gulden Gesammtvermögen besitzt, gibt einen halben, wer über 1000 Gulden, einen ganzen Gulden. Jeder Edelknecht hat 3, der Ritter 5, der Herr 10—15, der Graf 25 Gulden beizusteuern; der Jude soll 1 Gulden, der Kleriker ohne fixes Einkommen wenigstens 2 Groschen erlegen. In jeder Stadt und in jedem Pfarrdorfe sollten Commissionen von sechs Männern zur Einnahme der Gelder eingesetzt werden, die dieselben dem Bischofe abzuführen hätten. Als allgemeine Sammelcassen wurden Köln, Breslau, Salzburg, Nürnberg und Erfurt, als letzter Termin der Einzahlung der 17. Februar 1428 bestimmt. Überdies wurde der „tägliche Krieg" gegen die Husiten beschlossen, mit dessen Einrichtung und Durchführung ein Centralausschuss, der zu Nürnberg sich versammeln sollte, betraut wurde, sowie ein allgemeiner Kriegszug auf die Zeit der Sonnenwende angesetzt.[1])

Nach der alles Mass übersteigenden Flucht der Deutschen bei Tachau war die Macht der Husiten gefestigter denn je, besonders als sie einen Anschlag der Anhänger des Prinzen Korybut, den sie wegen seiner geheimen Unterhandlungen mit dem Papste und den Schlesiern, die der nachmals so bekannt gewordene Rokycana dem Volke kund gegeben hatte, schon am 17. April 1427 verhaftet hatten, vereitelt und ihn selbst über die Grenze gebracht hatten (September). Zur Beilegung ihrer eigenen Streitigkeiten schlossen die Prager und Taboriten einen Vergleich zu Pilsen, dem eine Glaubensdisputation auf der Burg Zebrach am Ende des Jahres folgte, die wie alle derartigen Verhandlungen nur die Gegensätze noch mehr steigerte.[2]) Zu Beginn des Jahres 1428 brachen die husitischen Heere, geführt von Prokop Holy, in Mähren ein und nahmen von da den Weg nach Ungarn, das sie bei Skaliz betraten. Unter furchtbaren Verheerungen zogen sie dann über Modern, Pössing und St. Georgen bis Pressburg, vor welcher Stadt sie Lager schlugen. Nachdem sie die Vorstädte von Pressburg in Asche gelegt hatten, traten sie ihren Rückweg durch das Thal der Waag

---

[1]) Palacky, Beiträge I. 563 N. 492. Die österreichischen Lande waren der Sammelcassa zu Salzburg zugewiesen, in Betreff welcher bestimmt ward: „Es schullen auch der erczbischoff von Salczburg und alle herczogen von Osterreich und all bischoff, eppt, epptisin, prelaten, graven, freyen, herrn, ritter und knecht und pfaffheit, geistleich und werntleich, stet, merckt und dorffer, lande und leüte, die in die provincien und erczbistum czu Salczburg gehorn, ausgenumen die bistum czu Freysingen, czu Regensburg, solich gelt alles den, die in iglichen bistum, stat, marckt oder dorff darczu gesaczt sint das einczufordern und einczugewynnen, antworten und dieselben sullen das dann denselben sechsen furbas gen Salczburg antworten." Janssen, Frankf. Reichscorr. I. 814, cf. Bezold, K. Sigmund, II. 127 ff.

[2]) Palacky, Gesch. von Böhmen, III. II., 424 ff.

an, das sie in gleicher Weise verwüsteten. Bei Ungarisch-Brod in Mähren trennten sich die Heere; während der eine Theil mit der Beute nach Hause zog, brach der andere nordwärts gegen Troppau vor.¹) Da gleichzeitig andere Scharen der Husiten in Böhmen „auf dem grossen Tabor und anderen enden" sich sammelten, so besorgte Herzog Albrecht, dass diese in seine Lande einfallen und mit dem rückziehenden Heere Prokops vielleicht in Österreich ihre Vereinigung herstellen könnten, weshalb er die Wehrkraft des Landes aufbot und ihr Korneuburg als Sammelplatz (Ende Februar) anwies.²) Doch für diesmal blieb unser Vaterland von den ungebetenen Gästen verschont, die husitischen Raubscharen plünderten und brannten in Schlesien. Da die Gefahr von Österreich sich abgewandt zu haben schien, wurde das Aufgebot wieder entlassen.³) Doch unvermuthet brach dieser grausame Feind Ende Mai wieder bis an die österreichische Grenze vor. Ein bei 10.000 Mann starkes Corps hatte sich auf dem Rückzuge des Hauptheeres aus Schlesien über Glatz nach Böhmen von diesem getrennt und, mit Wagenpark und Geschützen ausgerüstet, seinen Weg

---

¹) Die sicherste Nachricht über diesen Einbruch in Ungarn gibt der Verfasser des Chronicon veter. Collegiati Pragens., der mit den husitischen Scharen selbst den Zug mitgemacht hat („cum quibus ego fui."), Höfler, I. 90. Was die Zeit, wann dieser Einbruch geschah, anbelangt, so nimmt Palacky (III. II. 460) mit Recht die Tage um den Beginn des Jahres 1428 an, während Grünhagen in seiner trefflichen Darstellung der Husitenkämpfe der Schlesier sich auf ein Fragment Martins von Bolkenhain stützend, den Spätherbst angibt. Der alte Prager Collegiate sagt „in hieme", und Andreas Ratisbonensis schreibt in seinem Dialoge (Höfler I. 580) „circa initium quadragesime intraverunt Hussite Ungariam." Wie in der Regel, so zeigt sich auch diesmal der Regensburger Mönch gut unterrichtet; denn um 20. Februar 1428 fordert Herzog Albrecht Jörg von Starhemberg schriftlich auf, wohlgerüstet am Sonntage Reminiscere (28. Februar) in Korneuburg zu erscheinen, „weil die Hussen von Behem mit irer wagenpurg in nehent bei Prespurg ligent." Da dieser Zug, wie aus der Darstellung des alten Collegiaten hervorgeht, ein reiner Verwüstungs- und Verheerungszug war, auf welchem keine Städte durch längere Zeit belagert wurden, so konnten die Husiten ohne grosse Mühe von Beginn des Jahres bis um den Anfang der Fastenzeit nach Ungarn gezogen sein.

²) Am 20. Februar 1428 empfiehlt Herzog Albrecht von Wien aus Jörgen von Starhemberg, wohlgerüstet zur Vertheidigung des Landes gegen die Husiten am Sonntage Reminiscere (28. Februar) nach Korneuburg zu kommen, „weil die Hussen von Behem mit irer wagenpurg in nehent bei Prespurg ligent. So koment uns yecz teglich meniger potschafft, wie die andern veinde in Behem auf dem grossen Tabor und andern enden auch mit starcker besamung sein und an unsern gemerkchen ligen und mainen her in das land zu ziechen und das zu beschedigen. Vnd wan zu besorgen ist, daz bald hauffen hie im lande werden zusamen ruckchen, dadurch uns merkleich notdurfft ist, daengegen ze schikchen, damit wir denselben veinden desterpas widersteen mugen." Dominus dux in consilio. Orig. Pap. Sieg. rückwärts aufgedr., im Archiv des Schlosses zu Riedegg.

³) Dies ergibt sich aus den Worten der kleinen Kloster-Neuburgerchronik: „niemand wehret sich", was auch die Continuatio des Benesch von Waitmil bestätigt.

durch Mähren genommen. Nach einem sehr blutigen Gefechte mit den Bürgern von Brünn vor den Mauern dieser Stadt[1]) zog es nach Lundenburg und überschritt im Vereine mit seinen Genossen in dieser Festung gegen Ende Mai die österreichische Grenze. Unter furchtbaren Verwüstungen drangen die Taboriten und Waisen durch das Marchfeld gegen Wien vor, in dessen Nähe sie bei Jedlersee am Montag vor dem Gottsleichnamstage (31. Mai) ihre Wagenburg aufstellten und vom Strande der Donau das gegenüber liegende Nussdorf beschossen. Nachdem sie in der ganzen Gegend um den Bisamberg in grässlicher Weise gehaust, alle Mühlen an der Donau abgebrochen und, da sie nirgends Widerstand fanden — denn die Bewohner hatten sich entweder in die festen Orte oder in die Wälder geflüchtet oder hatten, wie die des Marchfeldes, in unterirdischen Höhlen, den sogenannten Hauslöchern, ihre Zuflucht gesucht[2]) — alles verwüstet hatten, zogen sie stromaufwärts nach Stockerau, das gleichfalls wieder verheert wurde, und von da traten sie in nordöstlicher Richtung den Rückweg an.[3]) Zurückgekehrt nach Böhmen, vereinigten sie sich mit dem Hauptheere, welches unter Prokops Holy eigener Anführung die Festung und Stadt Bechin im südlichen Böhmen belagerte. Da sich die Belagerung dieser Feste in Folge des tapferen Widerstandes der Besatzung in die Länge zog, unternahm ein Theil des Heeres einen Raubzug in den unteren Mühlkreis (Machland) im Lande ob der Enns und drang bis zur Donau in der Nähe von Linz vor.[4]) Auf diesem Zuge wurden die Klöster

---

[1]) Pessina, Mars Moraviae 533. Palacky, Gesch. v. Böhmen III. II. 465 sucht die Bedeutung dieses Gefechtes abzuschwächen.

[2]) Nach gütigen Mittheilungen des bewährten Durchforschers österreichischer Höhlen, Hr. Pfarrers Lambert Karner zu Roggendorf.

[3]) „Anno 1428 am montag vor gottsleichnambstag zugen die Hussen, Taber und Weysen und der von Luneburg mit grosser macht in das landt und niemand währet sich; schluegen sich mit ihrer wagenburg nider für Jetzwee am urfahr und schussen über die Thonaw gehn Nussdorf, und andere dörffer under dem Pissenberg praudten sie gar vill ab und legten sich darnach für Stockeraw, sie schluegen all müll auf der Thonaw ab." Kloster-Neuburgerchronik, 250. Die bekannte Continuatio Benesii de Waitmile (Dobner IV. 73) stimmt in der Angabe der Zeit des Einfalles überein, wenn sie schreibt: „Circa festum Penthecosten Thaborite et Husiones intrant Austriam fere in X milibus et ponunt castra prope Wiennam fere semi milliaris retro Neuburg et iacuerunt aliquod diebus ibidem sine molestia et fecerunt multa dampna et spolia et incendia nullo eis resistente." Auch die Annales Melicenses bei Pertz SS. IX. 518. erwähnen diesen Einfall sowie die Belagerung von Bechin. Dass die Husiten in nordöstlicher Richtung den Rückzug angetreten und nicht durch Ober-Österreich, geht aus den Worten des Benesch hervor.

[4]) Kurz, Albrecht II., II. 138 und nach ihm Aschbach, Palacky, Pritz u. a. lassen die Husiten längst der Donau durch Ober-Österreich nach Böhmen zurückkehren, welche Annahme jedoch nicht wahrscheinlich ist. Abgesehen von der grossen geographischen Entfernung sagt Benesch' Fortsetzer ausdrücklich, dass sie nur zehn Meilen

Pulgarn,[1]) Baumgartenberg und Waldhausen,[2]) sowie die Ortschaften Klamm, Ried, Marbach, Pregarten, Wartberg[3]) und viele andere theils verbrannt, theils verwüstet, alle aber ausgeplündert. Auch in das obere Mühlviertel mögen die Husiten damals vorgedrungen sein und die Ortschaften Aigen, Rohrbach, Sarleinsbach, St. Johann am Windberg, Helmonsöd und andere ausgeraubt und den Flammen übergeben haben, sowie auch das Prämonstratenserstift Schlägl um diese Zeit bedeutenden Schaden genommen hat.[4])

Herzog Albrecht hatte zwar, als ihm von manchen Seiten die Nachricht von dem Anrücken der Husiten hinterbracht worden war, Anstalten zur Vertheidigung getroffen und durch Verpfändungen Geld zum Kriege zu erhalten gesucht,[5]) doch war er allem Anscheine nach, bei der Langsamkeit und Umständlichkeit, womit das Aufgebot der Landwehre zusammen kam, von dem Feinde überrascht worden, daher das Land wehrlos demselben zur Beute ward. Da die Feinde aber noch immer vor Bechin lagen, so wandten sich die bedrohten Budweiser um Hilfe an Albrecht. Um seine Rüstungen durchführen zu können, hielt sich der Herzog in Hinsicht der grossen Noth, die in Österreich herrschte, um so mehr berechtigt, die in der Sammelcassa von Salzburg eingeflossene Reichssteuer für seine Zwecke zu verlangen, als das Geld, wenn es auch spärlich genug einfloss,

weit in das Land gedrungen seien; auch ist es unwahrscheinlich, dass sie Lundenburg so lange Zeit ohne genügende Besatzung gelassen haben dürften, sowie, dass ihrem so weit ausgedehnten Raubzuge die Österreicher kein Hindernis in den Weg gelegt hätten, was um so weniger anzunehmen ist, da im Juni die Stände sich versammelten. Überdies entsprach es ihrer Kriegsweise, während einer länger sich hinziehenden Belagerung Raubzüge zu machen; cf. Grünhagen, Husitenkämpfe 159.

[1]) 1429, Christoph und sein Sohn Jörg von Liechtenstein-Nikolsburg schenken dem Kloster Pulgarn in Ansehung des Elendes, in das die Schwestern und Brüder des Klosters durch Heimsuchung und Beschädigung der Ungläubigen gesetzt worden sind, die Lehenschaft der Kirche zu Pabneukirchen. Stülz, Gesch. des Klosters des h. Geist-Ordens zu Pulgarn, 77.

[2]) Kurz, Beiträge zur Geschichte des Landes ob der Enns IV. 482. Im Verzeichnisse der Pröpste von Waldhausen heisst es: *Praepositus trigesimus: Otto secundus, dictus Schweinpeck, regnavit 29 annos et resignavit 1443. Obiit 1449. Sub cuius regimine facta est prima destructio monasterii* (Waldhausen) *per Hussitas anno 1428.*" Über Baumgartenberg siehe Pritz, Gesch. des aufgelass. Cistercienserstiftes Baumgartenberg im Archiv für öst. Geschichte XII. 37. Wegen der grossen Beschädigungen des Stiftes durch die Husiten sowie wegen Abbruch des Stiftshauses zu Krems schenkt Albrecht 1429 demselben ein anderes Haus in dieser Stadt.

[3]) Die Zerstörung oder Verwüstung dieser Ortschaften ergibt sich aus den späteren Reconciliations- und Einweihungsurkunden ihrer Kirchen. Orig. im Museum zu Linz, im Archiv von Riedegg u. a.

[4]) Pröll, Geschichte des Prämonstratenserstiftes Schlägl, 76.

[5]) 1428, 24. Mai. Wien. H. Albrecht verpfändet seinem Vetter für geliehene 18.000 Ducaten die Festen Starhemberg u. a. Güter. Lichnowsky, V., Reg. N. 2643.

doch zumeist aus habsburgischem Lande kam.¹) Aber seine Hilferufe fanden kein Gehör,²) weshalb er im Juni die Stände von Österreich nach Wien berief, die ihm einen „gemeinen Anschlag" zur Bestreitung der Kriegskosten und das Aufgebot der Landwehre bewilligten, wofür ihnen Albrecht am 17. Juli den gewöhnlichen Revers ausstellte.³) Da aber nach dem Falle der Festung und Stadt Bechin (16. October) die früher schon ergangenen Hilferufe von Budweis, Olmütz und anderen Städten stets dringender wurden⁴) und auch die Gefahr eines neuen Einbruches der Raubscharen in Österreich näher rückte, so versammelte Herzog Albrecht im November seine Landherren zu Tuln um sich und gab den Budweisern bekannt, dass er mit den Ständen beschlossen habe, dorthin Hilfe zu senden, wo die Feinde sich zeigen würden.⁵) Doch das Jahr endete, ohne dass die Taboriten in unserem Vaterlande erschienen. Sie verheerten in dieser Zeit die Grafschaft Glatz und erschlugen den jungen Herzog von Münsterberg.⁶)

Neben diesen kriegerischen Unternehmungen der Husiten, denen „jeder grossartige Zug" fehlte, da sie blosse Raub- und Plünderungszüge waren,⁷) gewann aber der Gedanke eines friedlichen Ausgleiches nicht bloss unter den Königlichen und den Utraquisten, sondern selbst unter den radicalsten Elementen der Husiten, den Taboriten und Waisen, immer mehr Raum. Schon im November 1428 unterhandelte Haschek von Waldstein mit dem österreichischen Herzoge zu Wien in dieser Richtung, und im März des Jahres 1429 brach Prokop Holy mit seinem Brüderheere durch Mähren nach Pressburg auf, um mit König Siegmund, in dessen Umgebung sich damals auch sein Schwiegersohn und andere fürstliche Persönlichkeiten befanden, wegen des vollständigen Friedens zu verhandeln. Doch, da jede der beiden Parteien auf ihrem Standpunkte verharrte, blieben die Unterhandlungen resultatlos. Die Folge war, dass die Taboriten auf ihrem Rückzuge wieder in Österreich einbrachen und das Land nördlich der Donau, das ohnedies schon so viel gelitten hatte, neuerdings verheerten. Während eine Abtheilung der Taboriten Eggenburg, welche Stadt durch die früheren

---

¹) Bezold, K. Sigmund II. 151. Nach den Aufzeichnungen der Ansbacher Kriegsacten waren in Salzburg bis dahin eingegangen 4948 Pfund Pfennige und 2489 Gulden in Gold, welche zumeist aus den steirischen und den tirolischen Landen und Salzburg zusammengekommen waren.
²) Erst im nächsten Frühjahre erreichte Albrecht seinen Wunsch und zwar durch einen directen königlichen Befehl. Bezold l. c. II. 152.
³) Die Urkunde bei Kurz, Albrecht II., II. 121.
⁴) Palacky, Beiträge I. 630—632 N. 531—533.
⁵) Palacky, l. c. I. 648 N. 547.
⁶) Grünhagen, Husitenkämpfe 164.
⁷) Bezold, K. Sigmund, III., 5.

Einfälle grossen Schaden gelitten hatte,[1]) belagerte, zogen andere Scharen raubend und mordend im Lande umher.[2]) Als die von Albrecht aufgebotenen österreichischen Truppen herbei eilten, hoben die Husiten die Belagerung auf und zogen unter steten Kämpfen mit den Österreichern (bei Theras, Waidhofen an der Thaya, Dobersberg) nach Böhmen zurück.[3])

König Sigmund beschloss nun alle Kräfte zu einem neuen Kreuzzuge gegen die Husiten aufzubieten, in der Zwischenzeit aber den „täglichen Krieg" gegen dieselben zu führen. Er stellte seinem Schwiegersohne ein Corps zum Zuge nach Mähren, sowie zur Verstärkung der Besatzungen von Olmütz und Brünn zur Verfügung und befahl, dass in die Festungen Znaym, Iglau und Budweis noch je 1000 Reiter gelegt werden sollten, zu deren Unterhalte er Albrecht die Husitensteuer der Kirchenprovinz Salzburg anwies.[4]) Um die Absicht seines königlichen Schwiegervaters durchzuführen, versammelte Albrecht, dem die Stände seines Landes am 6. Jänner die auf dem Kurfürstentage beschlossene Husitensteuer doppelt zugesagt hatten,[5]) dieselben im Mai und October neuerdings und wusste sie, weil die erwähnte Abgabe wegen der Noth des Landes nur schwer einzubringen war, zu einem neuen Anschlage zu bewegen, der ausser der einfachen Husitensteuer noch von dem abgeschätzten Besitze der Unterthanen

---

[1]) Herzog Albrecht verlieh dd. Wien 13. December 1428 seinen getreuen Bürgern zu Eggenburg wegen ihrer Dienste und der „manigualtigen scheden und beswërnuss", die sie „in den gegenwärtigen lëwffen von der Hussen wegen habent emphangen", einen zweiten Jahrmarkt. Notizenblatt der k. k. Akad. der Wissensch. in Wien 1853, 383 N. 51.

[2]) König Sigmund schreibt dd. 16. April 1429 an den Kurfürsten von Brandenburg, da die Verhandlungen mit den Husiten zu Pressburg sich zerschlagen haben, so wolle er, um den „yamer, unfur und unmenschlikeit, die die verbosten kotzer mit mort, vergiessung menschliche plutes, raub und prant an allen umbgelegten landen, got seys geclagt, von vil jarn bisher greulich begangen, und nemlich diss jar unsere land der Slesien, der sechs stete, und vnsers lieben suns herzog Albrechts von Osterreich land bis an die Tunaw gruntlich verderbt haben, gestillen .... Als sy dann dem vorgenannten unserm lieben sun herczog Albrechten itz aber mit macht vor sinem slos Egenburg ligen, das arbeiten und das land darum heren und verderben", so wolle er in diesem Sommer mit Macht gegen sie ziehen, inzwischen sei ein starker „reyttunder krieg" gegen sie zu eröffnen in Böhmen und Mähren. Palacky, Beiträge II. 30, N. 576.

[3]) Diese Darstellung ergibt sich aus den Rechnungen über die Söldner im k. k. Staatsarchiv. Kurz l. c. war dieser Einfall gänzlich unbekannt.

[4]) In dem Schreiben Siegmunds an den Brandenburger heisst es, dass der König, um den „täglichen Krieg" in Böhmen und Mähren führen zu können, Albrecht von Österreich auf seine Kosten „einen grossen harsch volkes" in sein land zu Merhern nemlich gen Brün und gen Olmunz" zugewiesen und befohlen habe, „daz man zu Snoym tawsent, zur Igla tawsent und zum Budweis auch tawsent pherd legen sol, darzu wir unsern vorgenanten sun das gelt, das in dem Erzbischthum zu Salzburg und in aller seiner Suffraganien stifften gefallen ist, bescheiden haben." Palacky, l. c.

[5]) Kurz, Albrecht II., II. 149.

je 2 Pfennige von jedem Pfunde des Schätzungswertes betrug.¹) In Deutschland jedoch fanden die Aufforderungen des Königs zu einem neuen Zuge gegen die Husiten nur sehr geringes Interesse, es wurden zwar mehrere Versammlungen gehalten, die jedoch wieder resultatlos blieben. Die Husiten, obwohl sie die Friedensunterhandlungen wieder aufnahmen, liessen sich dadurch dennoch nicht abhalten, ihre Raubzüge in die Nachbarländer fortzusetzen. Da sie sich diesmal dazu die nördlich von Böhmen gelegenen Lande erwählt hatten, blieb unser Vaterland im späteren Laufe des Jahres 1429 von dieser Geisel verschont, nur in Mähren dauerten der Kampf und die Räubereien der husitischen Scharen gegen die katholischen Bewohner fort.²)

Obwohl die Deutschen zu gemeinsamem Handeln sich nicht aufraffen konnten, so hatte doch der König den Gedanken daran nicht aufgegeben und hoffte auf dem für den Allerheiligentag nach Wien berufenen neuen Reichstage seine Absichten durchsetzen zu können. Da aber Siegmund schwerkrank zu Pressburg lag, begaben sich zwar die wenigen nach Wien gekommenen Reichsfürsten dahin, aber der Tag brachte keine definitiven Beschlüsse zustande, die Entscheidung sollte auf einem neuen für den 19. März nach Nürnberg zusammenberufenen Reichstage erfolgen. Doch auch dieser, wie einige noch später abgehaltene Tage, theilten das Schicksal ihrer Vorgänger, sie blieben resultatlos. Es lässt sich nicht leugnen, dass an diesen unerquicklichen Verhältnissen in Deutschland die Sonderpolitik der Kurfürsten und der Städte viele Schuld hatten, doch eben so gross daran war die des deutschen Königs selbst, der statt in Nürnberg den Tag in Straubing abhalten wollte, aber erst im August, nachdem er in Wien in Folge einer Krankheit wochenlang sich aufgehalten hatte, nach Straubing kam. Zwar wurde dort ein Zug beschlossen, aber dieser „grosse Anschlag", dem zufolge alle Stände mit ihrem reisigen Zeug und von den Städten der vierte Mann am 6. October in Cham eintreffen sollte, ward zu Nürnberg, wo die Berathungen fortgesetzt wurden, wieder aufgegeben und auf einen neuen Tag verschoben.³)

Wenn auch unser Vaterland in der zweiten Hälfte des Jahres 1429 von den Husiten verschont geblieben war, so war doch die allgemeine Lage eine sehr düstere. Die Opposition des Adels hatte wahrscheinlich infolge der steten Geld- und Truppenbewilligungen, die doch den Einfällen

---

¹) Schadlosbrief Albrechts dd. Wien, 18. Mai 1429. Copialbuch sec. XV. im Schlossarchiv zu Eferding; Kurz l. c., womit die Annales Mellicenses bei Pertz ad an. 1428 zu vergleichen sind.
²) Wolny, Topographie von Mähren I. 203. ff. und Pessina Mars Moraviae, 538.
³) Bezold, K. Sigmund, III. 66 ff.

des so furchtbaren Feindes nicht zu wehren imstande waren, an Ausdehnung gewonnen, und nur dem energischen Eingreifen des Herzogs selbst, der das Haupt des hochverrätherischen Bundes, Otto von Meissau, plötzlich sammt seiner Gemahlin Agnes von Potendorf in Haft setzen liess, hinderte den Ausbruch einer Bewegung, welche für Österreich die traurigsten Folgen hätte nach sich ziehen können.[1]) Trotz dieser schwierigen inneren Lage hatte Albrecht mit den von Salzburg erhaltenen Summen der Hussitensteuer Söldner geworben und in Budweis, dem er in der Person Jörgens von Mühldorf einen neuen Hauptmann gegeben hatte,[2]) sowie in Mähren die nöthigen Massregeln getroffen; doch beschloss er, sich in der Defensive zu halten, bevor er nicht, wie er an die Budweiser schreibt, sichere Kunde über die Pläne des Feindes erhalten hätte.[3]) Die Ungewissheit dauerte jedoch nicht lange; denn schon Mitte März des Jahres 1430 brach ein grosses Heer, die „Feldtaberer", in Mähren ein, verwüstete die Gegend um Brünn, eroberte Eibanschitz, Krumlau u. a. feste Plätze, wüthete in den Klöstern Trebisch, Neu-Reisch und Daleschiz und nahm, nachdem es Olmütz bedroht hatte, die wichtige Festung Sternberg ein.[4]) Während es aber dann nach Böhmen zurückkehrte, brach nach Ostern ein anderes Heer, „der grosse Tabor," 10.000 Mann stark, unter der Führung Weleks von Kaudelnik und Prokop des Kleinen in Österreich ein, und obwohl sie an der Grenze (bei Hohenplatz?)[5]) von den Truppen Siegmunds eine Schlappe erlitten, in der über 150 Mann Taboriten am Platze blieben,[6]) drangen sie doch nach Österreich vor, bemächtigten sich einiger fester Plätze, wie Theya, Pueliz und Freuzsperg und verwüsteten und plünderten von denselben aus die Umgebung, namentlich das obere Thal des Kamp, wo das wieder erbaute Stift Altenburg neuerdings schweres Ungemach zu erdulden hatte.[7])

---

[1]) Die Urkunden hierüber bei Kurz, Albrecht II. Anhang N. XXIII, XXIV, Zeibig und Pölzel a. a. O.
[2]) Palacky, Beiträge II. 51 N. 596.
[3]) Schreiben Albrechts dd. Wien 5. März bei Palacky, l. c. II. 124 N. 663.
[4]) Chronicon Bartosii bei Dobner I. 165—166.
[5]) Windeck l. c. cap. 170.
[6]) Bartossius l. c. 164.
[7]) „*Item quasi omnis agriculture cura intermissa mansit,*" schreibt das obenerwähnte Manuscript des Klosters Altenburg, „*eo quod singulis annis monasterium spoliarent equis aratoriis, etiam propter metum finitimorum hereticorum in Theya, in Pueliz et Freuzsperg, qui quasi omni die apud nos viri sunt. Item de anno 330* (sic) *receperunt 36 capita iumentorum et 6 equos et 3 famulos ceperunt et secum ad Theya abduxerunt. Item quod sine lachrimarum liberali effusione meminisse non possum, oratorium post tot incommoda reformatum, in quo in Dei laudem orationes decantabantur, iterum profanatum est, in quo equi et iumenta stabolabantur. Item dormitorium, ubi domestici famuli noctu vires interdiu labore dissipatas colligebant, exusserunt et omnes officine in alium usum commutate sunt . . . Item vinee eadem*

Das Hauptheer jedoch nahm seinen Weg durch Österreich nach Ungarn in das Thal der Waag, wo es einen sehr zweifelhaften Sieg bei Tyrnau über das ungarische Heer errang, zog aber, da es schwere Verluste erlitten hatte, eiligst nach Mähren zurück und bedrohte Schlesien.[1])

In Deutschland, wie nicht minder unter den Husiten in Böhmen selbst, hatte um diese Zeit immer mehr und mehr die Überzeugung platzgegriffen, dass nur eine allgemeine Kirchenversammlung der herrschenden Noth ein Ende machen könnte. Papst Martin V., welcher der Abhaltung eines neuen Conciles wenig Neigung entgegenbrachte und durch einen Kreuzzug der husitischen Häresie ein Ende zu bereiten hoffte, gab endlich dem allgemeinen Drängen nach und ernannte den für Deutschland bestimmten Cardinallegaten Julian Cesarini zum Vorsitzenden der neuen Kirchenversammlung, die in Basel zusammentreten sollte. Fast um dieselbe Zeit (Februar 1431) versammelten sich auch die deutschen Reichsstände zu Nürnberg wieder zu einem Tage, der eigentlich schon am 25. November des Vorjahres hätte eröffnet werden sollen. Nach vielen Verhandlungen, welche durch Siegmunds zweideutige Politik, sowie infolge der geringen Opferwilligkeit der Reichsstädte sich sehr in die Länge zogen, kam man endlich zu dem Beschlusse, dass am 1. Juli ein ungemein starkes und vollkommen ausgerüstetes Heer, bestehend aus sieben Armeecorps, von allen Seiten in Böhmen einbrechen sollte. Doch der Eifer erkaltete bald wieder, der König selbst blieb, obwohl er seine persönliche Antheilnahme gelobt hatte, dem Zuge ferne, nur der Cardinallegat bot alle seine Kraft auf, um das Heer zusammenzubringen. In der That sammelte sich aber erst im Juli eine nicht unbeträchtliche Armee unter dem Befehle des Kurfürsten von Brandenburg diesseits des Böhmerwaldes, aber statt am 1. Juli begannen die Deutschen erst vier Wochen später, am 1. August,

---

conditione inculte relicte sunt, et ut suos agros et vineas colere possint, sepius et sepius impulsi sunt ab Hussitis ad vectigal tribuendum . . . . Item monasterium, quod fieri solet, dum sepius amicorum castris, oppidis et pagis blada et vina et esculenta invehere vellet et tentaret, dum inimicorum insidias invadit, in manus amicorum incidit, qui non tam amici quam inimici habendi sunt. Item curiam nostram in Czebing sepius nominati heretici funditus concremaverunt." Die Besetzung von Theya in Österreich bestätigt auch Bartosius l. c. 169. Dass die Absicht der Husiten, sich fester Plätze im Lande zu bemächtigen, auch Albrecht nicht unbekannt war, bezeugt sein Brief an die Budweiser (Palacky, l. c. 124.), wenn er schreibt: „und lassen ew wissen, daz uns von menigern andern eenden auch des geleichen botschafft ist komen, wie dieselben veind anhaym komen sein und wie si fur sich in willen haben, her in das land gen Osterreich zeziehen und sich an geslossern zu versuhen."

[1]) Bartosius, l. c. 164. Windeck, cap. 170. Dass der Sieg der Husiten sehr zweifelhaft war, ja einer Niederlage gleichkam und von den Katholiken auch als solche betrachtet wurde, geht aus dem freilich etwas übertriebenen Berichte eines Anonymus von Görlitz (bei Palacky l. c. 149 N. 683) hervor.

ihren Aufmarsch und drangen, nach der Weise der Husiten auf vandalische Weise wüthend, bis Taus vor; doch schon am 14. August waren sie, als sie die Kriegsgesänge und das Gerassel der Wagenburg der Husiten nur von der Ferne hörten, nach allen Richtungen der Windrose auseinander gelaufen.[1]

Herzog Albrecht, welcher das siebente Armeecorps, das sich aus seinen 300 Gleven, dem höchsten „Anschlag" unter allen deutschen Fürsten, den Contingenten seiner Vettern in Tirol und Steiermark, sowie der Kirchenprovinz Salzburg zusammensetzen sollte,[2] führen sollte, begann seinem Versprechen gemäss sofort nach seiner Rückkehr in seine Staaten zu rüsten. Der zehnte Mann wurde aufgeboten und eine hohe Steuer ausgeschrieben,[3] die Bürger der Städte jedoch wurden gegen Zahlung einer bestimmten Summe von dem persönlichen Kriegsdienste befreit.[4] Zu Anfang des Juli sammelte sich ein Theil des Heeres hart an der Grenze von Mähren in Laa, wo sich um die Mitte dieses Monats der Herzog selbst einfand,[5] ein anderer in Eggenburg.[6] Die Husiten sandten eine Abtheilung ihrer Brüder entgegen, um das Vorrücken der Österreicher zu hindern. Dieselbe lagerte sich nur eine Meile von den österreichischen Truppen entfernt und machte Miene, dieselben anzugreifen. Da aber Albrechts Heer noch nicht vollständig beisammen war,[7] so verschanzte es sich hinter seiner Wagenburg. Durch vier oder fünf Tage standen sich die Gegner einander beobachtend gegenüber, da aber die Österreicher aus ihrer Wagenburg nicht herauskamen, zogen die Husiten wieder ab.[8] Nachdem endlich

---

[1] Weizsäcker, Strassburger Fascikel von 1431 im XV. Bd. der Forschungen zur deutschen Gesch., Bezold, K. Sigmund, III., 84—150. In diese Zeit dürften auch die Unterhandlungen Albrechts mit dem Herzoge Philipp von Burgund wegen des Husitenkrieges fallen (Sitzungsber. der phil.-hist. Classe der Wiener-Akad. III. Bd., 26.), die unrichtig als im Jahre 1420 geschehen angegeben sind.

[2] „Item all herczogen von Österreych schullen ein here haben und ein wagnpurg und irrn streyt pestellen." „Item der von Osterreych iiic (Gleven); item herczog Albrecht, herczogen Ernst kinder iic." Sitzungsber. l. c., III. 35.

[3] Preuenhuber, Annal. Styrenses, 37.

[4] Krems musste 300, Linz 400, Freistadt 200, Steyr 400 Gulden u. a. m. zahlen. Die Urkunden darüber theils bei Kurz, Österr. Militärverfassung, theils in den betreffenden Archiven.

[5] Albrecht ist am 10. Juli in Korneuburg, am 16. in Laa. Lichnowsky, V., Reg. N. 3005, 3007.

[6] Preuenhuber, l. c. 88. Vermuthlich musste sich das oberösterreichische Aufgebot in Eggenburg sammeln.

[7] Dies erhellt unwiderleglich aus dem herzoglichen Befehl dd. Laa, 16. Juli 1431; an den Burggrafen zu Klaus und den Kastner zu Steyr. Preuenhuber a. a. O.

[8] In dem Beischlusse des Schreibens Kilians von der Mosel an den Hochmeister des deutschen Ordens in Preussen heisst es: „Ouch zo hud der herczog von Ostirreych den fursten geschreben her, wolle is halden in aller masze wy is czu Nornberg begriffen worden und czugt mit eyner grossen macht in daz land und leyt ouch zeu felde", da

die Verstärkungen eingetroffen waren, brach der Herzog Ende Juli[1]) in Mähren ein. Daselbst wurde er aber durch die „gemässigten"[2]) Husiten, die bei 14.000 Mann stark sich gesammelt hatten, in seinem Marsche aufgehalten. Da der Herzog eine so bedeutende Macht nicht in seinem Rücken stehen lassen konnte, um so weniger, als Österreich selbst ihrem Einfalle offen lag, so begann er den Kampf, eroberte das Städtchen Gaia (Kigow) und drang bis in die Nähe von Prerau vor, wurde aber dadurch an dem Zuge nach Böhmen verhindert.[3])

Nach der schmählichen Flucht des deutschen Heeres bei Taus erschien der Waisenführer Prokop der Kleine mit seinen Scharen in Mähren, gegen welche die Österreicher aber so glücklich kämpften, dass Prokop Holy selbst, der in Schlesien eingefallen war, diesem zu Hilfe eilte. Das Chronicon Treboniense erzählt, dass Herzog Albrecht vor Prokop Holy und seinem Heere nach Österreich zurückgewichen wäre,[4]) womit auch Bartossius übereinstimmt, ja der Compilator der Continuatio des Pulkawa lässt ihn sogar von den beiden Prokop bis an die Donau zurückgeschlagen werden.[5]) Allein diese Nachrichten beruhen auf einem blossen Gerüchte,

---

czogen dy ketczer gein yn und wolden yn bestriten und slugen sich by yn ucher denne uff eyne myle weges, also slug sich der herczoge in syne wayne und des selbigen glich taten sie ouch und lagen wol vier oder funff tage geyn enander und du der herczoge syne wayne nicht rucken wolde, da brachen dy Thaborn uff und czogen weg." Palacky, Beiträge II., 237 N. 760.

[1]) Da Albrecht mit seinem Heere, zu dem er um die Mitte Juli gekommen war, bis gegen das Ende dieses Monats (am 22. Juli urkundet er noch im Felde vor Lau, Lichnowsky. V. Reg. N. 3009) im Lager verweilte, so konnte er nicht, wie Aeneas Sylvius und nach ihm Kurz u. a. berichten, schon zu Beginn des Juli nach Mähren aufbrechen und dann, als er die Verzögerung des Aufbruches der Deutschen erfahren hatte, wieder den Rückweg antreten.

[2]) Dieselben, nicht zu verwechseln mit den Utraquisten, waren die eifrigsten Anhänger des Kelches und unterschieden sich nur dadurch von ihren radicalen Brüdern, dass sie die „census legitimi legitimis dominis" entrichten, alle anderen Lasten aber als ungerecht abgeschafft wissen wollten. Bartossii Chron. bei Dobner I. 169.

[3]) Bartossius l. c., Aeneas Sylvius, Hist. Boh. 116 (Basler Ausgabe). Man hat Albrecht in neuester Zeit diesen seinen Kampf mit den Husiten in Mähren, der ihn vom Marsche nach Böhmen abgebracht hat, zum Vorwurfe gemacht; allein als kluger, umsichtiger Feldherr konnte der österreichische Herzog nicht anders handeln.

[4]) „Audiens hoc dux Austrie, qui Moraviam hostiliter invaserat, et Boemos adversus ipsum equitare, fugit de Moravia pre timore." (Höfler, I. 61.); Bartossius schreibt: „Deinde (Procopius) ad alias sectas, videlicet Procopium parvum et sectam Orphanorum et Taboriensium in Moraviam processit, praedictusque dux (Albertus) sentiens eos contra se sic omni eorum exercitu procedere, gentes suas ad civitates praedictas (Olmütz, Iglau etc.) et quaedam sua castra iussit intrare et cum residuo in Austriam equitavit." (Dobner, I. 169.)

[5]) „Hac obtenta victoria (Taus) processerunt contra ducem Austrie in Moraviam, hanc enim regionem vastare intendebant, et repulerunt eum retro Danubium." (Dobner, IV. 168.)

das auch zu König Siegmund gedrungen war, und dürften ihren Ursprung in dem Abzuge des Contingentes der Kirchenprovinz Salzburg haben;[1] vielmehr kämpften die Österreicher sehr glücklich[2] und zogen erst im October, nachdem sie mehrere Städte erobert und leider auch viele Ortschaften verwüstet und in Asche gelegt hatten, in ihre Heimat zurück.[3] Prokop Holy hatte mit seinem Heere schon Ende September wieder einen Einfall nach Ungarn gemacht und drang bis Neutra vor, kehrte aber, nachdem der Beute wegen grosse Uneinigkeit unter den „Brüdern" ausgebrochen war, Ende October durch Mähren nach Böhmen zurück.[4]

Während Albrecht in Mähren mit Glück kämpfte, machten die Brüder Niklas und Jan Sokol von Lamberg mit einigen anderen Hauptleuten der Taboriten, sowie mit einem Heere von 600 Reitern, 4500 Fussgängern und 360 Wagen von Mähren aus einen Raubzug nach Österreich und drangen über Weitersfeld bis Pernegg vor. Nachdem sie die ganze Gegend ausgeplündert und ausgebrannt und ihre Absicht, sich mit Wein zu versehen, erreicht hatten, traten sie den Rückweg an. Doch auf demselben, den sie in westlicher Richtung nahmen, wurden sie am 14. October bei Kirchberg an der Wild von Leopold von Krayg, Georg von Puchheim, Ulrich und Martin von Eitzing und Niklas dem Truchsess mit ihren Scharen, zu denen sich noch 1000 in Eile zusammengeraffte Bauern gesellten, gänzlich geschlagen. Mehr als 1000 Husiten bedeckten das Schlachtfeld und bei 700, unter ihnen auch der jüngere Bruder Sokols, fielen als Gefangene nebst dem Wagenparke und dem grössten Theil der geraubten Beute den sieg-

---

[1] Johannes de Mulembrun schreibt am 3. October 1431 an Johann de Ragusio: „*Dixit etiam* (Sigismundus), *quod Slezitae et sex civitates cum suis exercitibus compulsi sunt recedere a campo; filius autem suus, dux Albertus cum honore et lucro reversus sit ad propria. Sed hodie recenter venit unus nuntius eiusdem ducis Alberti cum literis ad dominum regem, quae in effectu, ut ex ipsarum lectura comprendere poteram, continebant, quod adhuc cum exercitu suo esset in Moravia, recesserint tamen ab ipso dominus Salzeburgensis et quidam alii cum suis gentibus; et petit, quatenus dominus rex mandat eisdem, ut sibi ad quotidianos congressus cum suis armatis assistant.*" Monum. Concil. gener. sec. XV. ed Birk I. 117.

[2] Von den glücklichen Erfolgen Albrechts in Mähren gibt das Schreiben des deutschen Ordensritters Claus von Redwitz an seinen Hochmeister in Preussen dd. Nürnberg 16. Sept. 1431. Nachricht. Palacky, der dieses Schreiben in seinen urkundl. Beiträgen II. 247 N. 769 edirt, nennt es in seiner Geschichte von Böhmen, vermuthlich weil ihm das obenerwähnte Schreiben Johanns von Mulembrun damals noch nicht bekannt war, eine Erdichtung, die es sicherlich nicht ist, wenn es auch an Übertreibung leidet.

[3] Albrecht ist am 8. November 1431 in Wien, wie sein Befehl an die Budweiser, keine fremden Fuhrleute in ihre Stadt zu lassen, beweist. Palacky, Urkundl. Beiträge II. 248 N. 770.

[4] Chronicon veter. Collegiati Prag. bei Höfler I. 92, Bartossius l. c. 169; Chronicon Treboniense bei Höfler I. 61 u. m. a.

reichen Österreichern in die Hände, nur der Anführer, der ältere Sokol, entkam mit einer kleinen Zahl nach Mähren.¹)

Herzog Albrecht hatte nach seiner Rückkehr in seine Lande das Aufgebot entlassen, aber schon am 15. December wurde dasselbe wieder einberufen, da ihn seine Kundschafter benachrichtigt hatten, dass die Taboriten sich zu einem Rachezuge gegen Österreich in Böhmen sammelten. Er befahl deshalb, um dem grausamen Feinde so viel als möglich Abbruch zu thun, dass alles bewegliche Gut, namentlich alle Lebensmittel, am linken Donauufer in die festen Plätze geschafft würden.²) Die dem Herzoge gewordenen Nachrichten beruhten leider auf nur zu guter Quelle; denn nach der Mitte December³) brach, um an den Österreichern für die Niederlage bei Kirchberg Rache zu nehmen, über Prokops Holy Befehl ein Heer von 10.000 Mann von Böhmen aus in Österreich ein, drang bis in die Nähe von Waidhofen an der Thaya vor, kehrte aber, nachdem es das Städtchen Litschau ausgeraubt und verbrannt hatte, zu Beginn des Jahres 1432 nach Böhmen zurück.⁴)

---

¹) Der Passauer Priester Johann Staindel (Oefele, Script. rer. Boic. I., 533) schreibt hierüber: „*Hussitae, nomine Socoll senior et iunior, ... et alii plures cum duobus millibus equitibus et pedestribus et centum curribus intraverunt terram Austriae contra Pernegk et montem s. Martini* (Weitersfeld, dem heil. Martin geweiht) *occurentibus eis domino Leopoldo de Chrey, Georgio de Puchayn, Nicolao Druchsass aliisque vicinis cum mille rustibus eodem die viriliter triumpharunt et ceperunt de Husitis sexcentos et mille perierunt, pauci fugerunt. In signum victoriae vexilla et panneria Hussitarum delata sunt in capellam curiae domini ducis in Wienna.*" Den Tag der Schlacht geben an die Annales Mellicenses bei Pertz, SS. IX. 518, sowie Anonym. Vienn. bei Pez II. 560. Die Melker Annalen sagen über den Ort der Schlacht „*ultra sanctum Bernardum iuxta Hart*"; Bartossius l. c.: „*iuxta civitatem Waydhoff;*" das Richtige haben zwei Manuscripte in der k. k. Hofbibliothek von Wien und in der des Stiftes Göttweig: „*Anno dom. mcccexxxi. obcubuerunt Huzzones in campo prope Chirichperch in die s. Kalixti pape*". Kurz, Albr. II. II. 181 nimmt mehrere Scharmützel an (St. Bernhard, Kirchberg, Waidhofen an der Thaya), was jedoch unrichtig ist; cf. Birk. Monum. I. 144. Die genaue Anzahl der Truppen Sokols hat Bartossius l. c.

²) Schreiben Albrechts dd. Wien, 15. December 1431, an die Freistädter. Orig. Pap. im Archiv von Freistadt. Er befiehlt das Aufgebot, weil ihm Warnungen zugekommen seien, dass die Feinde sich in Prag und anderen Gegenden Böhmens zum Zuge nach Österreich sammeln.

³) Kurz, l. c. und Palacky a. a. O. lassen, auf Bartossius sich stützend, die Husiten schon Ende November wieder in Österreich einfallen, wogegen jedoch das erwähnte Schreiben des Herzogs vom 15. December spricht. Auch befehligte Prokop das Heer nicht selbst.

⁴) *Eodem anno circa festum s. Catharinae exercitus presbyteri Procopii maioris cum Thaborensibus et illis de Ostromecz, ut dicebatur, eorum equitum et peditum circa 10 millia se in Austriam diverterunt et quandam civitatem dictam Liczaw invaserunt et in eodem districtu usque circumcisionem domini et ultra nocumenta magna facientes continuaverunt.*" Bartossius l. c.

Da der Herzog die in der Schlacht bei Kirchberg in die Hände der Österreicher gerathenen Husiten, über die sich in Böhmen das Gerücht verbreitet hatte, dass sie in ihrem Kerker zu Wien durch Hunger und Kälte zugrunde giengen,¹) nicht losgeben wollte, so sammelte der ältere Sokol unter dem herrenlosen Gesindel in Böhmen eine Schar, um einen Raub- und Rachezug auf das österreichische Gebiet zu machen.²) Ob infolge dieses Einfalles, der im März des Jahres 1432 statthatte, oder infolge anderer Verwüstungszüge der Husiten, wie der Fehde Albrechts mit dem mächtigen Herrn Meinhard von Neuhaus,³) die Klöster Waldhausen und Baumgartenberg zum zweitenmale geplündert und in Asche gelegt worden sind, entgeht mir.⁴) Gegen Ende Mai unternahmen die Österreicher einen Zug nach Mähren, um das von einer Schar Taboriten eroberte und besetzt gehaltene Kloster Hradisch, wodurch die stets treu zu Albrecht stehende Stadt Olmütz schwer bedroht ward, diesen zu entreissen.⁵) Doch auch über den Ausgang dieses Unternehmens schweigen die einheimischen und fremden Quellen gänzlich.⁶)

---

¹) „Etiam dux Austriae nostros captivos non vult laxare, sed paulatim et successive interemit eos in carcere," sagt Prokop Holy in Basel. Birk, Monum. I. 292.

²) „Item retulit nobis cursor Egrensium, qui a Praga nobis literas nunc attulit, quod Husitae pro nunc nullam expeditionem habent, nisi quod noviter quidam, cuius fratrem (Sokol den Jüngeren) dux Austriae captum detinet, congregavit in Bohemia quendam exercitum de solis ribaldis et luxoribus ac eisdem similibus, qui vadunt versus Moraviam et Austriam ad vindicandam captivitatem fratris praedicti," schreibt Johann Nider am 12. März 1432 an Johann de Ragusio. Birk, l. c. I. 194.

³) K. Siegmunds Auftrag an Haschek von Waldstein dd. Piacenza, 24. Februar 1432, den Frieden zwischen Albrecht und Meinhard herzustellen. Archiv česky I. 34.

⁴) „Anno 1432. Tempore isto fuit destructio secunda et profanata est nostra ecclesia et totum monasterium per iniquos Bohemos et Husitas." Kurz, Beiträge IV. 482. Kurz und nach ihm Palacky, Gesch. von Böhmen III. III. 61 lassen Waldhausen durch den Ende des Jahres 1432 gethanen grossen Einfall der Husiten verwüstet werden. Diese Annahme dürfte jedoch deshalb unrichtig sein, da, wie aus einer Urkunde Albrechts dd. Wien 11. Juni 1432 hervorgeht, der Herzog dem durch den jüngsten Hussenkrieg in Schulden gerathenen Kloster Baumgartenberg schon vor diesem Einfalle die jährliche Abgabe von 2 Filzschuhen an den Oberst-Kämmerer, Hanns von Ebersdorf, erlässt. Orig. Perg. im Archiv des k. k. Reichs-Finanzministeriums. Auch spricht dafür das unten zu erwähnende Schreiben Jans von Michelberg, welches den Schluss gestattet, dass der gegen Ende des Jahres 1432 gemachte Einfall von Mähren aus geschah.

⁵) Schreiben Ulrichs von Rosenberg an K. Siegmund und des deutschen Ordensritters Heinrich von Maltitz an seinen Hochmeister. Palacky, Beiträge II. 285—288, N. 805—806.

⁶) Bartossius, l. c. 174, der die Eroberung von Hradisch erzählt, setzt dieselbe gegen Ende Juni, wogegen die erwähnten Schreiben sprechen. Dass Albrecht persönlich, wie Rosenberg und Maltitz berichten, diesen Zug geführt habe, ist nicht sehr wahrscheinlich, da er am 21. Mai noch in Wien weilt und am 11. Juni dort wieder urkundet. Lichnowsky, V. Reg. N. 3126 und Reichs-Finanzarchiv.

Inzwischen hatte das im Jahre 1431 zu Basel zusammengetretene Concil, welches die Lösung der böhmischen Frage als eine seiner Hauptaufgaben betrachtete, mit den Führern der Husiten Unterhandlungen angeknüpft, welche endlich zu einem Gespräche zu Eger führten. Auf diesem im Mai abgehaltenen Tage erklärten sich die Husiten nach manchen Verhandlungen zwar bereit, ihrerseits die Kirchenversammlung von Basel beschicken zu wollen, aber von einem allgemeinen Waffenstillstande, welchen die Legaten des Concils vorschlugen, wollten Prokop Holy und sein Anhang nichts wissen; namentlich könnte zwischen ihnen und dem Herzoge von Österreich von einer Waffenruhe keine Rede sein. *„Specialiter cum eo,"* erklärte der grosse Taboritenführer, *„treugas non habemus"*.[1]) Dieser Weigerung gaben sie auch bald wieder furchtbaren Ausdruck. Nachdem sie im Frühjahre Schlesien und Brandenburg verwüstet hatten, brachen sie um die Sonnenwende durch Schlesien nach Ungarn vor und nahmen Tyrnau mehr durch List als mit den Waffen ein. Im Herbste sollte Österreich ihre fanatische Wuth wieder erfahren. Auf die Kunde von der drohenden Gefahr traf der Herzog Vertheidigungsanstalten. Schon im September war den Städten und festen Plätzen am linken Donauufer der Befehl zugegangen, sich in Vertheidigungsstand zu setzen.[2]) Die Stände von Ober- und Nieder-Österreich wurden zu einem Tage nach Wien berufen und bewilligten nicht nur das Aufgebot und einen allgemeinen Anschlag, sondern verzichteten auch in richtiger Erkenntnis, dass es von grösserem Vortheile wäre, eine einheitliche Führung zu haben, auf das ihnen sonst zukommende Recht der Ernennung der Hauptleute.[3]) Auch von Ungarn sollte ein Hilfscorps kommen.[4]) Doch da das Aufgebot trotz der immer mehr sich nähernden Gefahr wie gewöhnlich längere Zeit zu seiner Sammlung erforderte und auch der gemeine Anschlag, weil das Land zu erschöpft war, sehr säumig eingezahlt wurde,[5]) so ward es den Husiten möglich, um die

---

[1]) Birk, Monum. I. 292.
[2]) Befehl Herzog Albrechts dd. Wien, 13. September 1432 an die Bürger von Krems. Kurz, Albrecht II. Anhang N. 7.
[3]) Revers Albrechts an die Stände dd. Wien, 12. Jänner 1433. Orig. im k. k. Staatsarchiv; Lichnowsky, V. Reg. N. 3193.
[4]) Ich schliesse dies aus dem Schreiben Johanns von Michelberg an den Rath von Görlitz dd. Bösig. 10. October 1432. „Auch hab ich vorwar vernommen, das sich der fürst oder der herzog zu Österreich mit sampt den Ungern gar zu mole stark hat wider gemupt." Palacky, Beiträge II. 324, N. 831. Doch scheint das Corps nicht gekommen zu sein.
[5]) Die Bürger von Krems waren noch die auf sie gefallene Steuer des Jahres 1431 schuldig und erhielten deshalb am 29. September 1432 ein sehr drohendes Schreiben des herzoglichen Hubmeisters Berthold von Mangen. Orig. Pap. im Stadtarchiv von Krems. Wie gross die Ebbe in der herzoglichen Cassa in diesem Jahre war, beweist

Mitte December¹) von Mähren aus nach Österreich mit ihrer Wagenburg und anderen Kriegsgeräthen vorzubrechen. Nachdem sie das Marchfeld in furchtbarer Weise verwüstet hatten, zogen sie über Loosdorf²) und Haugsdorf in der Richtung von Znaym nach Mähren zurück. Auf die Kunde von diesem Einfalle hatte Herzog Albrecht sofort die Landwehre von Oberösterreich nach Krems entboten, während er selbst nach Korneuburg sich begab, um mit dem dort sich versammelnden Aufgebote des Landes unter der Enns den Feinden Einhalt zu thun.³) Obwohl die Landwehre nicht mehr zum Kampfe kam, konnten doch die Taboriten ihren Rückweg nicht unbehelligt machen. Der Hauptmann von Drosendorf, Leopold von Krayg, hatte in Verbindung mit Wilhelm von Puchheim und anderen Edlen die streitbare Mannschaft seiner Umgebung gesammelt und eilte im Vereine mit den ihm unterstehenden Söldnern⁴) dem Feinde nach. Als er in der Nähe von Znaym auf denselben gestossen war, entspann sich sofort ein Kampf, in welchem auf beiden Seiten mehr als 500 Leichen das Schlachtfeld deckten. Obwohl die Taboriten von den Österreichern zwei Geschütze und über 200 Pferde erbeuteten, behaupteten die letzteren doch das Feld, während die ersteren den Rückzug in solcher Eile antraten, dass sie von

---

der Umstand, dass Albrecht zur Erstattung von 1900 ungar. Gulden, die der Hubmeister Berthold von Mangen zur Bezahlung des Söldnerführers Niklas Ramsperger von den Wienerkaufleuten entlehnt hatte, einen Theil seines Hausschatzes verpfänden musste. Lichnowsky, V. Reg. N. 3100.

¹) Palacky, Gesch. von Böhmen III. III. 61 lässt die Husiten im Herbste in Österreich einfallen und stützt sich dabei auf das Schreiben Albrechts an das Concil dd. Wien, 14. November 1432. (Marteno, Collect. veter. script. VIII. 201.) Allein in demselben sagt der Herzog nur, dass ihnen, nachdem sie in Mähren eingefallen seien, der Weg nach Österreich offen stehe. Am 10. December 1432 berichtet Jans von Michelberg an die Görlitzer: „daz dy Weyzen noch ligen vor dem Botsteyn und dy Thaborn, dy sint in Merhern und an der grentz ken Osterreich wertz." Palacky, Beiträge II. 331, N. 837.

²) Im ehmaligen Kreise unter dem Manhardsberge. Am 15. Juni 1433 entscheidet Herzog Albrecht den Streit Hanns des Schenken von Sebarn mit dem Kloster Waldhausen wegen der Weinzehente zu Loosdorf, deren Bezahlung der Schenke verweigerte, weil ihm die „Hussen" bei ihrem vorjährigen Einfall seine Weingärten zu Loosdorf gänzlich ruinirt hätten. Vidim. Abschr. im Archiv zu Waldhausen.

³) Am 27. December 1432 befiehlt Herzog Albrecht brieflich Ulrich von Starhemberg, mit den gerüsteten Leuten der zwei oberen Viertel sofort nach Krems zu ziehen. „Die veindt sind nu mit irer wagenpurg gen Haugstorff komen und mainent umb ain gschloss im land ze trachten. Nu wellen wir uns unverczogenlich gen Kornewenburg fugen und uns da mit unsern landlewten aus den zwain nidern virtailn besammen." Orig. Pap. Schlossarchiv zu Riedegg.

⁴) Dass unter den „gentes ducis Austriae", die, wie der etwas verworrene Bericht des Bartossius angibt, von Kragierz und Puchomerz (Krayg und Puchheim) geführt wurden, nicht die Landwehr gemeint sein kann, erhellt aus dem obenerwähnten Schreiben Albrechts an den Starhemberger.

den Österreichern, obwohl diese die Verfolgung bis zum Abende des nächsten Tages ausdehnten, nicht mehr eingeholt werden konnten.[1]) Um diese Niederlage zu rächen, sollen die Taboriten im Februar des nächsten Jahres, 1433, wieder in Österreich eingedrungen sein und einen Sieg errungen haben; doch lässt sich Näheres hierüber, da sowohl die vaterländischen wie auch die vorzüglichsten böhmischen Quellen Stillschweigen beobachten, nicht mehr angeben;[2]) aller Wahrscheinlichkeit nach war wieder das Land nördlich der Donau in Nieder-Österreich von den Husiten verwüstet worden.

Unterdessen waren die zu Basel zwischen den Vätern und den Gesandten der Husiten eingeleiteten Verhandlungen fortgesetzt worden, welche aber die Taboriten nicht hinderten, neue Verheerungszüge in die benachbarten Lande zu unternehmen. Während eine Abtheilung derselben durch Schlesien bis an die Ostsee vordrang, machte eine andere im April des Jahres 1433 einen Einfall in Ungarn, wo sie in den deutschen Bergstädten nach gewohnter Weise hausten.[3]) Dies sowohl, wie nicht minder die geringe Lust, welche die radicale Partei der Husiten den Unterhandlungen

---

[1]) „*Eodem anno (1432) ante nativitatem Domini prope factum est conflictum inter quosdam Taborienses, quorum fuerunt ultra duo millia et gentes ducis Austriae prope Znaymo, ubi dicebatur, quod ex utraque parte fuerint ultra quingenti interfecti, sed plus Taboriensium quam Australium, et receperunt Taborienses ultra ducentos equos equites (equos sellarios).*" Dominus Kragierz et Puchomerz, et Taborienses ipsis Australibus 11 pixides seu bombardas dictas Husnicze (acceperunt), et nocte adveniente Taborienses recesserunt. Australes vero eos insequebantur usque ad crastinum ad vesperas et non voluerunt eos investigare." Bartossius, l. c. 178. Dass die Österreicher in diesem Treffen Sieger blieben, beweist nicht nur der fluchtartige Rückzug der Taboriten, auch die Unterredung Prokops Holy, die er am 14. Jänner 1433 mit dem Vorsitzenden des Basler-Concils, dem Cardinal Julian, hatte, deutet dies an, wenn es „*de actibus Australium et Boemorum*" heisst: „*se ex parte Boemorum mala audisse, scilicet cccc occisos et cc lethaliter vulneratos.*" Birk, Mon. Conc. I. 292. Auch der gewöhnlich nicht schlecht unterrichtete bairische Chronist Staindel bezeichnet die Österreicher als Sieger, wenn er erzählt: „*Eodem anno (1432) circa festum s. Nicolai facta est strages aliquanta in Moravia ex parte ducis Austriae et Hussitarum, et secundum vulgarem famam de Hussitis quasi quingenti et de Australibus fere totidem perierunt, victoria Hussitis cedente.*" Oefele, Script. rer. Boi. I. 534.

[2]) Wir kennen diesen letzten Zug der Husiten nach Österreich, welcher, wie aus einer Äusserung Prokops hervorgeht (Birk, l. c. I. 292), gleich einigen früheren aus Rache erfolgte, weil der Herzog die in der Schlacht bei Kirchberg Gefangenen noch nicht los gegeben hatte, nur aus dem Tagebuche des Waisenpriesters Peters von Sanz, (Birk, l. c. I. 331), das zum 15. März 1433 berichtet: *Eodem tempore et in eodem loco dictum est nobis per quendam Bohemum, sed legis adversarium, quod Bohemi in festo Dorotheae in Praga convocationem habuissent; secundum, quod magnum bellum et strages in Austria nostri peregissent.*" Auch der im Archiv česky III, 396 enthaltene Brief dd. 2. April 1433 gibt weder die Zeit noch den Ort des Kampfes an.

[3]) Chronicon veter. Colleg. Pragens., Höfler I. 92, Bartossius, l. c. 179.

mit den Vätern von Basel, welche im Mai Gesandte nach Prag zu dem allgemeinen Landtage abgeordnet hatten, entgegenbrachteu, bewogen den österreichischen Herzog zu neuen Rüstungen. Schon im März des Jahres 1433 hatte er „got dem almechtigen, Maria der junkhfrawen, Jhesu Christi muter, und allem himelischen here zu sundern lobe, der heiligen kristenleichen kirchen und irem gelauben zu sterkhung wider die ungelaubigen" einen eigenen Ritter-Orden, den Orden des goldenen Adlers, gestiftet, der sowohl den österreichischen Adel fester au den Herzog knüpfen, als auch den von vielen schon mit geringer Neigung geführten Kampf gegen die Husiten neu beleben sollte.[1]) Zugleich hatte er auch mit den husitischen Herren in Mähren Unterhandlungen angeknüpft, die anfänglich keinen glücklichen Erfolg zu versprechen schienen,[2]) weshalb Albrecht in Österreich neue Rüstungen begann, zu deren Bestreitung er sowohl den Klerus wie die Städte seiner Lande wieder heranzog.[3]) Doch die Haltung des husitischen Adels von Böhmen, der auf dem Prager Landtage unter Führung Meinharts von Neuhaus grosse Neigung zur Versöhnung und zum Frieden mit der Kirche bekundete,[4]) scheint auch auf die mährischen Herren nicht ohne Einfluss geblieben zu sein, so dass endlich (im Juli?) zwischen ihnen und Herzog Albrecht ein Waffenstillstand zustande kam,[5]) welchem am 4. März des Jahres 1434 ein Landfriede auf fünf Jahre folgte,[6]) dessen Abschluss vor-

---

[1]) Kurz, Albrecht II., II. 216.
[2]) Dies erhellt aus dem Schreiben der Breslauer dd. 15. April 1433 an den Hochmeister des deutschen Ordens in Preussen, in welchem sie letzterem über den vorhabenden Zug der Taboriten nach Preussen berichteten. Der Hochmeister möchte aber darüber nicht zu stark besorgt sein; denn wenn auch die Polen sich der Hilfe der Husiten trösten, so könnte dieselbe doch nicht von grosser Stärke sein. „wann sich der herczog Albrecht von Osterreich mit den ketczern noch bis doher zu keynem frede noch tagen hat wellen geben, und wirt dann s. g. mit in kriegen." Scriptor. rer. Siles. VI. 123, N. 177.
[3]) Im Mai des Jahres 1433 berichtet ein Österreicher (Thomas Ebendorfer?): „Item nocii aliqui fuerunt Wienne, illi, qui istos articulos domino abbati Lucensi portauerunt, referunt, quod dominus dux magnam summam congregat, taxando seculares et spirituales, et super eadem summa quod velit litigare cum Hussitis, si nollent esse concordes." Palacky, Beiträge II., 359 N. 859.
[4]) Palacky, Gesch. von Böhmen III. III. 119.
[5]) Schon am 7. Mai schreibt Herzog Konrad der Weisse von Oels an den Hochmeister gerüchtweise: „Ouch wisset, das der herczog von Osterreich drey gancze jare mit den ketczern frede ufgenomen hat, und wir vornemen, das her uns und andir slezischen fursten doryn genomen habe. Script. rer. Siles. VI. 128, N. 185. Dieses Gerücht bestätigte sich auch, wenn auch nicht in dem Umfange, wie der Herzog von Oels berichtete, da die Dauer des Waffenstillstandes nicht auf drei Jahre, sondern nur bis zum St. Martinsfeste in der am 2. August darüber ausgewechselten Urkunde (Lichnowsky, V. Reg., N. 3241) festgesetzt wurde.
[6]) Kurz, Albrecht II., II. 237.

züglich dem Einflusse des mächtigen Meinhart von Neuhaus zugeschrieben werden muss.[1]) Der utraquistische Adel Böhmens, dessen Haupt der Herr von Neuhaus war, trat nämlich seit dem berühmten Martini-Landtage in Prag (1433) wieder aus seiner Reserve hervor und entwickelte eine grosse Thätigkeit in Bezug auf den Ausgleich und die Rückkehr zur Kirche. Da die Taboriten, deren Heer seit September des Jahres 1433 die einzige Stadt Böhmens, welche noch der katholischen Religion anhieng, Pilsen enge umschlossen hielt, die Ausgleichsverhandlungen des Martini-Landtages verwarfen, so gestalteten sich ihre Beziehungen zu dem utraquistischen Adel immer feindlicher. Die Bestrebungen des letzteren fanden an Siegmund, der nach zweijährigem Aufenthalte in Italien endlich im Jahre 1433 die römische Kaiserkrone sich erworben hatte, den mächtigsten Förderer. Sein alter Parteigänger, Ulrich von Rosenberg, mit dem er seit seiner Rückkehr von Italien nach Basel einen ziemlich lebhaften Verkehr unterhielt,[2]) gewann den grössten Theil des böhmischen Adels, besonders den einflussreichen Meinhart von Neuhaus für das Concil und den Kaiser.[3]) Diesen Bestrebungen suchten die Taboriten unter Prokop entgegenzutreten, wodurch die Gegensätze sich so verschärften, dass es endlich am 30. Mai 1434 bei Lipan zwischen beiden Parteien zum Entscheidungskampfe kam, der mit einer gänzlichen Niederlage der radicalen Elemente endete. Prokop Holy, sowie sein Namensvetter Prokop der Kleine, der Führer der Waisen, fielen mit vielen ihrer Anhänger in dieser blutigen Schlacht.[4])

Mit der Niederlage bei Lipan hatte der gewaltige Sturm der böhmischen Revolution, welcher dieses schöne Land bis in seine innersten Grundfesten erschüttert, ausgetobt. Herzog Albrecht von Österreich hielt es nun an der Zeit, gegen die Reste der Taboriten, welche in Mähren sowie an der österreichischen Grenze noch immer einige feste Punkte inne hatten, vorzugehen und entbot deshalb die Stände seines Herzogthums auf den kommenden Sonnenwendetag zu einer Berathung nach Wien.[5]) Dieselben

---
[1]) Derselbe erscheint auch als einer der ersten, welche dem Friedensinstrumente ihre Siegel zuhiengen.
[2]) Palacky, Beiträge II. N. 860, 905 u. a. Ulrich von Rosenberg erhielt von Siegmund am 28. Februar 1434 einen Majestätsbrief, durch welchen er ihn zu seinem Bevollmächtigten in Böhmen und Mähren ernannte und ihm gelobte, alles zu erfüllen, wozu ihn derselbe verpflichten würde, wäre es auch noch so viel.
[3]) Palacky, Geschichte von Böhmen III. III. 142. Dass Geld und Versprechungen dabei keine unwichtige Rolle spielten, leuchtet aus den wenigen uns überlieferten Nachrichten deutlich hervor.
[4]) Chronicon veter. Colleg. Pragensis, Höfler I. 94; Bartossius 185.
[5]) „Als villeicht wol hat an ew gelangt," schreibt Albrecht dd. Wien, 6. Juni 1434 an die Bürger von Krems und Stein, „daz die Thaborer und Waisen von den landlewten zc Behem mit verhengnusz des almechtigen gots sind nidergelegt worden;

bewilligten ihm einen Anschlag auf die Prälaten und Städte von Österreich¹) und beschlossen, dass bis zum St. Stephanstage (3. August) die Landwehre vollkommen ausgerüstet und mit Proviant, Wagen und anderen Kriegsgeräthschaften versehen in Laa sich sammeln sollte, um „land und lewt enthalb der Tunaw von den veinden, die etleich geslozzer an den gewerkhen innhaben", und von den aus das Land und die Unterthanen „mit huldung, rawb und prandt stetleich bekummert und angegriffen werdent;" zu beschützen²) doch hat sich keine nähere Kunde von dieser Expedition erhalten. Wie aus den Rechnungen des österreichischen Hubmeisters Berthold von Mangen erhellt, wurde die Besatzung der Grenzfestungen an der March verstärkt, und besonders Mähren, wohin sich Albrecht selbst gegen Ende August oder zu Anfang des nächsten Monats begab,³) zu schützen gesucht.⁴) Da die herzoglichen Finanzen die Kosten dieses Unternehmens nicht allein zu tragen vermochten, so wandte sich Albrecht an die Väter von Basel, welche ihm auch in Ansehung seiner Verdienste um die Vertheidigung des Glaubens die Hälfte des von ihnen ausgeschriebenen Kirchenzehents in den Diöcesen Trident, Passau, Brixen und Chiemsee sowie in seinen eigenen und in den Landen aller seiner habsburgischen Vettern für diesen Zweck zuwiesen.⁵)

---

bedenkhen wir solich grossum und darlegen, so wir und die gantz lantschafft nu langzeit getan haben und daz nu gut zeit ist, zu den sachen ze tun, damit wir und unser land und lewt desterpas in ru komen, wann die veindt yeczt villeich nicht mehr mugen solich beschüttung gehabn, als sie vorgehapt habent, emphelehen wir ew . . ." Orig. Pap. Stadtarchiv Krems, Kurz, l. c. Anhang N. 10.

¹) Derselbe betrug sammt den „Remanenzen" 18871 Pfund, 79 Pfennige. Aus den Rechnungen des Hubmeisters Berthold von Mangen, im k. k. Staatsarchiv.

²) Aufgebotspatent dd. Wien, 3. Juli 1434. Stadtarchiv zu Krems, Kurz, l. c. Anhang N. 11.

³) Albrecht urkundet am 20. August 1434 noch in Wien. Notizblatt 1853, 406 N. 57; am 11. September bestätigt er in Brünn den mährischen Ständen einige Freiheiten.

⁴) In den vorerwähnten Rechnungen des Hubmeisters heisst es unter den Ausgaben: „Burghut und Schlossbehütung besonder der Marchgeslosz" des Landes Österreich 13133 Pfund, 5 Schilling, 12 Pfennige. Auf des Landes Mähren Beschützung 23053 Pfund, 3 Pfennige.

⁵) Kurz, l. c. Beilage N. 27. „*Nos itaque huiusmodi supplicationibus inclinati,*" heisst es in der Bulle, „*ac considerantes, quod prefatus dux pro fide orthodoxa se murum defensionis retroactis temporibus opponendo damna et pericula gravia nec non importabiles sustinuerit labores et expensas prout sustinet de presenti, volentesque predicto duci de alicuius subventionis auxilio providere semidecimam in Tridentina, Patauiensi, Brixinensi et Chiemensi diocesibus ubilibet collectam integre nec non in terris et locis ducibus Austrie temporali dominio subiectis in quibuscunque prouinciis seu diocesibus consistant nuper per nos impositam et per nos (collectores) auctoritate nostra hactenus collectam seu lev*dum *pro expeditione presertim eiusdem exercitus eidam duci donauimus, tradidimus, deputauimus et assignauimus ac tenore presentium donamus, tradimus, deputamus et assignamus.*" Die Summe dieses bewilligten Zehents, über welchen Herzog Albrecht mit dem Erzbischofe von Salzburg

Die einzige Nachricht, welche von diesem Unternehmen auf uns gekommen ist, ist die Einnahme der Stadt und Burg Eibanschitz in Mähren, welche von den herzoglichen Truppen und dem Orden des goldenen Adlers im Mai des Jahres 1435 erobert wurden, nachdem sie durch mehrere Jahre von den Taboriten besetzt gehalten waren. Die Einwohner mussten die Communion wieder unter einer Gestalt empfangen.[1])

Der Sieg der gemässigten Utraquisten über die radicalen Elemente der Husiten erleichterte den Legaten des Concils wie dem Kaiser selbst die eingeleiteten Verhandlungen mit den ersteren. Nach mehreren zu Brünn, Prag und Stuhlweissenburg abgehaltenen Zusammenkünften wurde am 5. Juni 1436 der Landtag zu Iglau eröffnet, welcher die volle Aussöhnung der Utraquisten mit der Kirche und ihrem rechtmässigen Fürsten herbeiführte. Auch an diesem denkwürdigen Landtage nahm Herzog Albrecht gleichwie an den vorgenannten den lebhaftesten Antheil. Der Verabredung gemäss, die Albrecht mit seinem Schwiegervater bei dessen Anwesenheit in Wien im Februar des Jahres 1436 getroffen hatte, ritt er mit einem sehr zahlreichen und glänzenden Gefolge um die Mitte Juni[2]) in Iglau ein. Zur Bestreitung dieses Zuges hatte der Herzog, dessen Finanzen durch den langwierigen Krieg ganz erschöpft waren,[3]) im März dieses Jahres die Stände von Österreich nach Wien entboten, welche ihm einen Anschlag auf die Prälaten und landesfürstlichen Städte und Märkte bewilligten.[4]) Neben den religiösen Fragen wurden zu Iglau auch politische Angelegen-

---

in Streit gerieth (Lichnowsky, V. Reg. N. 3758), betrug im Jahre 1435 sammt mehreren anderen Steuern und Anlehen 26514 Pfund, 6 Schillinge, 4 Pfennige. Hubmeisterrechnung, l. c.

[1]) Palacky, Geschichte von Böhmen, III. III. 185.

[2]) Dass Herzog Albrecht nicht bei der Eröffnung des Landtages zugegen war, sondern erst um diese Zeit in Iglau eingetroffen ist, beweist Lichnowsky, V. Reg. N. 3579.

[3]) Wie sehr die herzogliche Kammer erschöpft war, bezeugen unter anderem auch die vielen Verpfändungen Albrechts an Bürger von Wien. Lichnowsky, V. Reg. N. 3764 - 65, 3772—75, 3779, 3783—96, 3810—12, 3818—24 u. a. m. Der Herzog selbst gestand die Ebbe in seiner Cassa ein, wenn er dd. Wien, 21. April 1436 an die Bürger von Linz, die 400 Gulden wegen des „gemeinen Anschlages" zu entrichten hatten, schreibt: „Als villeicht wol hat an ew gelangt, daz sich unser lieber gnediger herr und vater, der Römisch kayser veruangen hat zu der Igla ain tag mit dem Beheim zu halten, haben wir uns durch gemains nutz und befridung willen unserr land und lewt gewilligt mit merklichem volkh mit seinen gnaden dahin und dan furbazzer gen Beheim ze ziehen, darauf uns groz darlegen geen wirdet, das wir von unsern nützen und renten nicht vermügen, dadurch wir ains anslags auf unser stet, merkt und prelaten sein uberain worden. In demselben anslag, des wir doch lieber gerieten, wenn wir des stat hieten, auf ew gelegt sind vierhundert guldein, emphelhen wir ew. . . ." Kurz, Österreichs Militärverfassung, Anhang N. 7.

[4]) Kurz, a. a. O.

heiten verhandelt, unter denen die Frage wegen der Rückgabe von Budweis und der Markgrafschaft Mähren die bedeutendste war. Albrecht erklärte sich bereit, die ihm verpfändete Stadt Budweis sofort an Böhmen herauszugeben, betreffs des Besitzes von Mähren versprach er sich der Entscheidung der deutschen Reichsfürsten fügen zu wollen. Ob und welchen Beschluss dieselben wegen dieser Markgrafschaft gefasst haben, ist bisher nicht bekannt geworden, doch behielt der Herzog Mähren.[1]) Aber noch bedurfte es einiger Zeit und neuer Opfer, obwohl Albrecht ohnedies schon so viele dafür gebracht hatte,[2]) bis dieses Land gänzlich beruhigt war. Einige Reste der Taboriten hatten sich unter Anführung Johann Pardus' von Horka und anderer Edelleute nach Mähren gezogen und wählten verstärkt durch andere Scharen die Gegend von Olmütz zum Schauplatze ihrer Raubzüge. Am 1. Februar 1437 überfielen sie unvermuthet die Karthause im Thale Josaphat zu Dolein und brandschatzten von diesem zu einer Feste umgestalteten Kloster aus die Umgebung. Nach mehreren vergeblich unternommenen Stürmen erkauften sich die Olmützer ihren Abzug um 6000 Goldgulden.[3]) Pardus von Horka wandte sich von Dolein nördlich und überstieg in der Nacht vom 1. auf den 2. November mit seinen Raubgesellen die Mauern der Stadt Littau. Auf die Kunde von diesem Überfalle eilten die Bürger von Olmütz, verstärkt durch die Söldner ihres Bischofs, den wenigen Bürgern von Littau, welche sich in einen befestigten Thurm zurückgezogen hatten, sofort zu Hilfe, drangen in die Stadt ein und besiegten die mit dem Muthe der Verzweiflung kämpfenden Feinde, von welchem der grösste Theil niedergemacht, ein kleinerer Theil unter ihnen Pardus selbst gefangen genommen wurde.[4]) Das ganze Land war nun beruhigt, nur Prerau hielten einige Reste der Taboriten noch in ihrem Gewahrsam; doch ergaben sich auch diese, als im Jahre 1438 die vom Herzoge gesandten Truppen in Verbindung mit den Olmützern zur Belagerung der Stadt schritten.[5])

---

[1]) Palacky, Geschichte von Böhmen III. III. 223.
[2]) In einer nach dem Jahre 1439 gemachten Aufschreibung heisst es: „Vermerkht, waz mein her kunig Albrecht selig und die lantschaft ze Osterreich auf die veld und in ander weg auf daz land gen Merhern gelegt haben, seid dez anfang des veld zue Prag an daz veld vor dem Tabor, die lantschaft zu zehen mal hundert tawsent guldein und mein herr kunig Albrecht aus seiner kron dartzue zu fünf maln hundert tawsent guldein." Kaltenbäck, Österr. Zeitschrift 1837, N. 40.
[3]) Pessina, Mars Moraviae. 604.
[4]) Chronicon veter. Collegiati Pragensis, Höfler 1. 97, Bartossius, l. c. 199. Nach des Mönchs von Regensburg Bericht (Eccard, Corpus hist. medii aevi II., 2173) wurde ein Theil der Gefangenen gehängt, ein anderer dem Herzog Albrecht überliefert, der sie in Wien richten liess; cf. Windeck, cap. 216.
[5]) Dudik, Geschichte von Raigern, I. 500.

Mit diesem letzten Zuge der Österreicher endete jener furchtbare Kampf, welcher so unsägliches Elend über Böhmen und Mähren und deren Nachbarländer von der Donau bis zum baltischen Meere gebracht, und an welchem der Herzog von Österreich sowohl aus dynastischen, wie nicht minder aus kirchlichen und deutschen Interessen einen so bedeutenden Antheil genommen hatte. Albrecht hatte sich in diesem fast zwei Decennien währenden Kriege nicht nur als treuer Sohn seiner Kirche, obwohl er, wie seine Reformversuche beweisen,[1]) gegen die eingedrungenen Schäden derselben nicht blind war, sondern auch als echter deutscher Fürst bewährt, und darum hatte gerade ihn der grösste und grimmigste Hass der Taboriten getroffen.

---

[1]) Dies bezeugen die vor dem Ausbruche des Krieges angestellten Reformversuche, welche der Herzog, als ihm die Husiten Ruhe liessen, im Jahre 1435 wieder erneuerte. Und er selbst bezeugte, dass der Husitismus, als dessen vorzüglichstes Förderungsmittel er die Nichtbeachtung der kirchlichen Disciplingesetze von Seite des böhmischen Klerus bezeichnete, „in dominiis suis pullulare propterea non potuisset, quod summo studio laboratum exstiterat pro introducenda et conservanda reformatione." Johannes de Segovia. lib. VII. cap. 10.